미디어 중국어

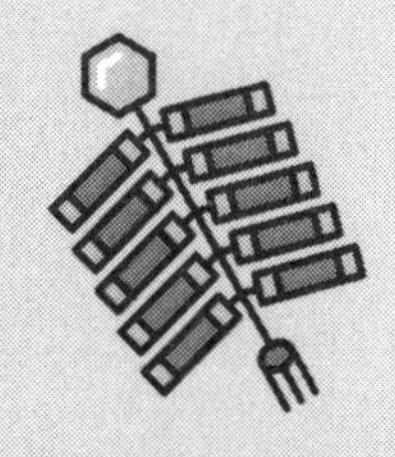

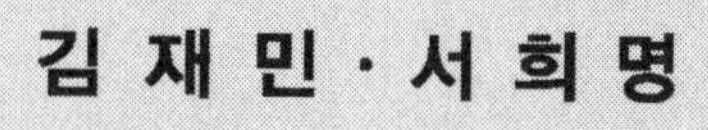

김재민·서희명

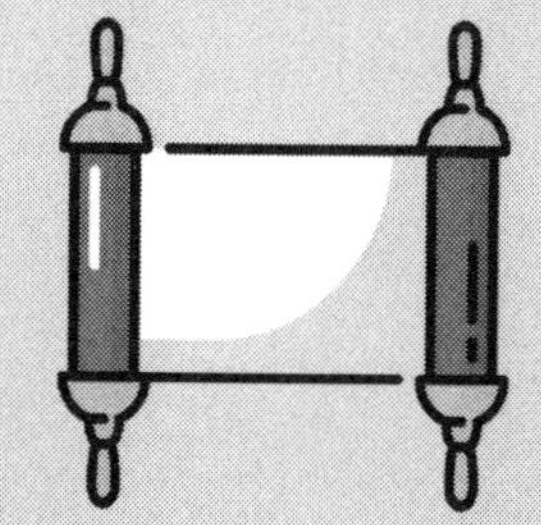

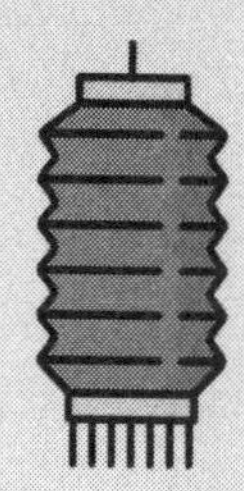

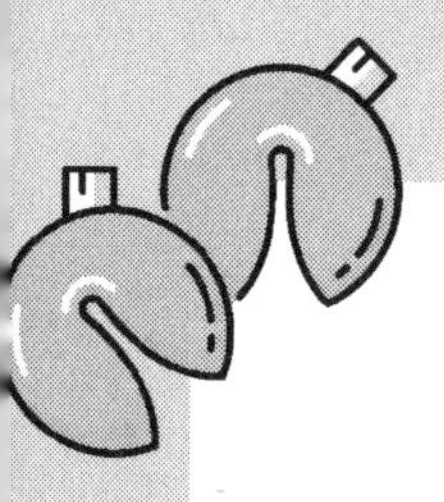

머리말

현대 사회에서 미디어는 단순히 정보의 전달을 넘어 문화적 상호작용과 창조의 중심에 서 있습니다. 글로벌 경제, 기술, 문화 교류에 있어서 중국어는 중요한 역할을 하며, 그 범위는 가요, 웹툰, 미술, 플랫폼, 영화 등 다방면으로 확장되고 있습니다. 이 책은 바로 이러한 다채로운 미디어에서 중국어가 어떻게 사용되고 진화하는지를 탐구하는 여정을 제공합니다.

대중가요에서는 중국어가 글로벌 히트곡의 중심에 서 있습니다. 최근 중국의 인기 가수들은 K-팝의 영향을 받아, 중국어와 다양한 국제적 요소를 혼합한 곡을 발표하며, 글로벌 차트에서 높은 순위를 기록하고 있기도 합니다. 이처럼 음악은 중국어를 세계와 연결하는 중요한 매개체가 되고 있으며, 그로 인해 중국어의 새로운 표현과 유행어가 탄생하고 있습니다.

웹툰은 최근 중국에서 큰 인기를 끌고 있는 미디어 형태입니다. 중국의 웹툰 플랫폼에서는 독특한 이야기와 시각적 스타일을 결합한 작품들이 인기를 얻고 있으며, 이러한 콘텐츠는 중국어 표현의 혁신적인 변화를 보여줍니다. 웹툰의 언어적 특징은 현대 중국어의 변화와 사회적 트렌드를 반영하는 중요한 사례로 주목받고 있습니다.

현대미술 분야에서도 중국어는 새로운 시각적 언어를 창출하고 있습니다. 중국의 현대미술가들은 그들의 작품에 중국어 텍스트를 삽입하여 문화적, 사회적 의미를 부여하고 있습니다. 이러한 시도는 현대미술을 통해 중국어가 어떻게 표현되고, 국제적인 미술 담론에서 어떻게 자리 잡고 있는지를 보여줍니다.

플랫폼, 특히 소셜 미디어와 스트리밍 서비스는 중국어의 사용에 있어 중요한 역할을 하고 있습니다. 중국의 플랫폼은 전 세계의 콘텐츠를 번역하고 재가공하여 글로벌 시청자와 소통하고 있으며, 이 과정에서 중국어는 새로운 형태의 표현과 소통 방식으로 진화하고 있습니다.

영화 또한 중국어의 글로벌 영향력을 실감할 수 있는 대표적인 분야입니다. 중국영화는 전 세계적으로 큰 인기를 얻고 있으며, 이를 통해 중국어로 다양한 문화적 배경을 가진 관객들과 소통하고 있습니다. 영화 대사, 자막, 그리고 영화 홍보에 사용되는 중국어는 문화적 교류의 중요한 다리 역할을 하고 있습니다.

이 책은 가요, 웹툰, 미술, 플랫폼, 영화 등 다양한 미디어를 통해 중국어가 어떻게 변모하고 있는지를 탐구하는 한편, 그 배경에 있는 문화적 맥락과 사회적 의미를 파악하여 중국어가 현대 미디어에서 어떤 역할을 하고 있는지, 그리고 그것이 독자 여러분의 글로벌 커뮤니케이션 능력에 어떤 영향을 미치는지에 대한 통찰을 제공하고자 합니다. 그럼, 이제부터 이 책과 함께 미디어 중국어의 다양하고 흥미로운 세계를 탐험해보길 바랍니다.

2024.12.10.

저자

목 차

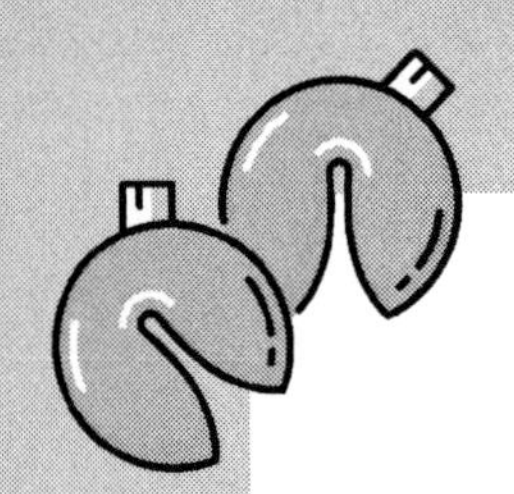

일러두기

미디어중국어 교재의 특성상 미디어 관련 예문 소개는 리얼리즘의 확보를 위하여 일부 내용은 부득이 중국 京东 사이트와 百度百科, Google, 중국 현지 방송 등에서 발췌하여 수정 및 정리하였음을 밝혀둡니다.

1. 物流平台 예문은 京东 사이트 참조.
2. 大众歌曲 소개는 百度百科, Google 참조.
3. 动画片 소개는 百度百科, Google 참조.
4. 网漫 소개는 百度百科, Google 참조.
5. 现代美术 소개는 百度百科, Google 참조.
6. 电影 소개는 百度百科, Google 참조. 장면 내용은 영화 '亲爱的', '失孤', '我不是药神' 인용.
7. 广告 소개는 百度百科, Google 참조.
8. 新闻 '饲养员很有爱, 用婴儿车推着海狮宝宝溜达' 내용은 安徽卫视의 '每日新闻报' 인용. '云南超萌小象滑滑梯', '送餐机器人走红, 餐饮业加速智能化' 내용은 'CCTV新闻' 인용.

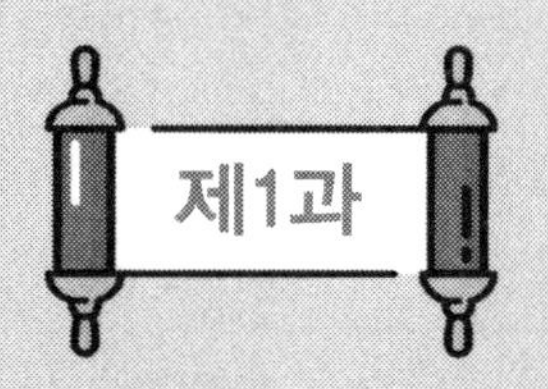

物流平台(一)

본문 1. 主页

(1) 程序1

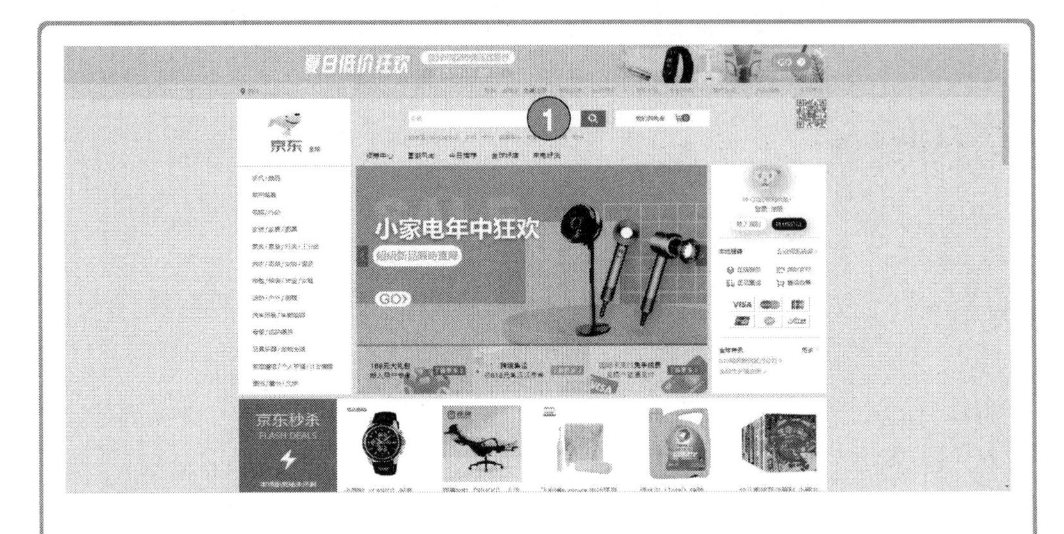

① 免费注册
Miǎnfèi zhùcè

(2) 程序2

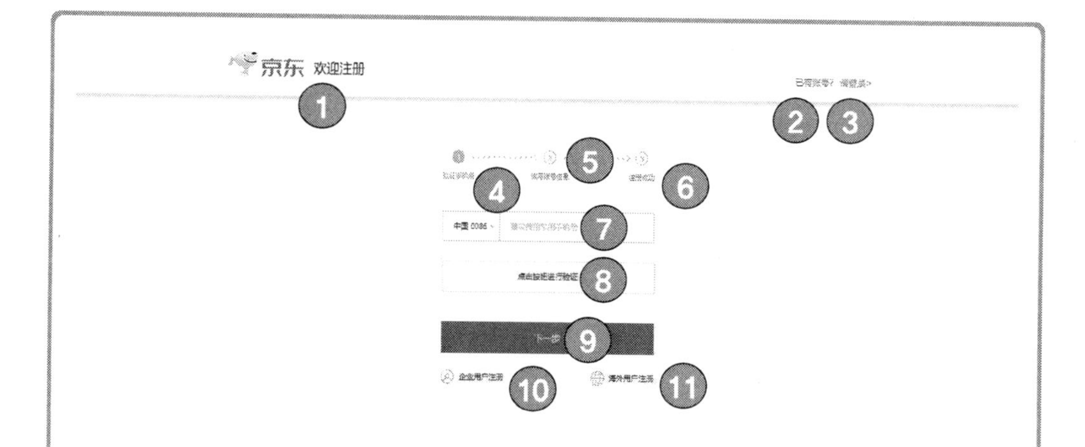

① **欢迎注册**

Huānyíng zhùcè

② **已有账号?**

Yǐyǒu zhànghào?

③ **请登录**

Qǐng dēnglù

④ **验证手机号**

Yànzhèng shǒujīhào

⑤ **填写账号信息**

Tiánxiě zhànghào xìnxī

⑥ **注册成功**

Zhùcè chénggōng

⑦ 建议使用常用手机号
Jiànyì shǐyòng chángyòng shǒujīhào

⑧ 点击按钮进行验证
Diǎnjī ànniǔ jìnxíng yànzhèng

⑨ 下一步
Xià yí bù

⑩ 企业用户注册
Qǐyè yònghù zhùcè

⑪ 海外用户注册
Hǎiwài yònghù zhùcè

(3) 程序3

① 格式错误
Géshì cuòwù

(4) 程序4

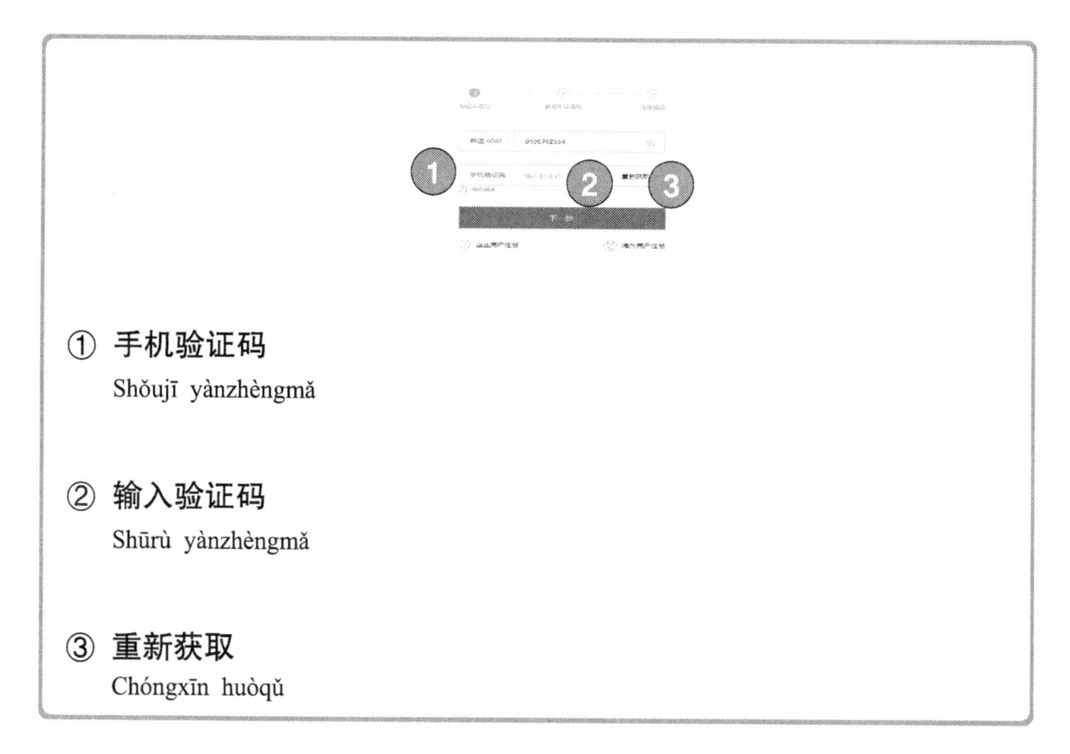

① 手机验证码

Shǒujī yànzhèngmǎ

② 输入验证码

Shūrù yànzhèngmǎ

③ 重新获取

Chóngxīn huòqǔ

(5) 程序5

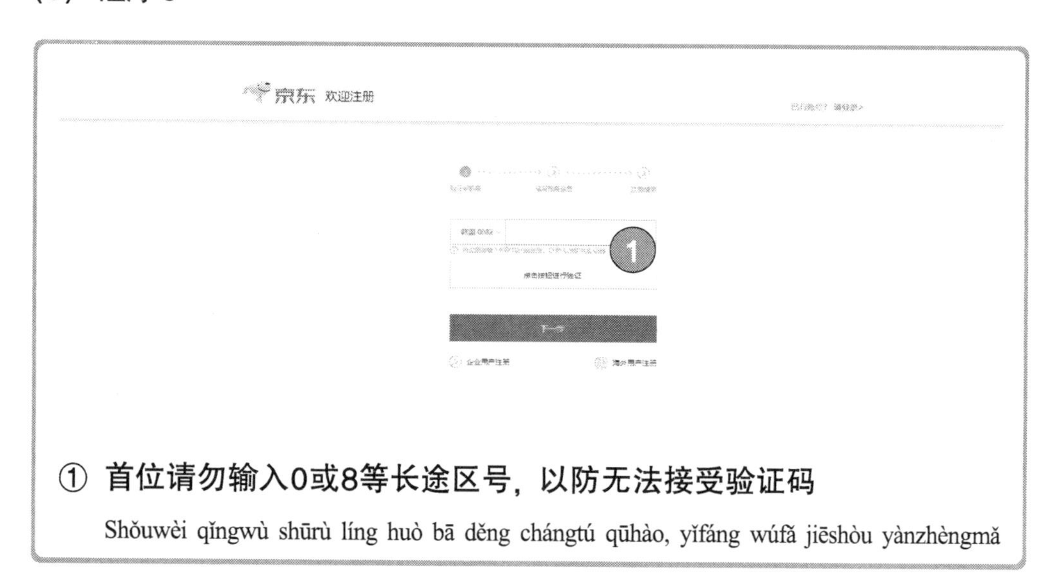

① 首位请勿输入0或8等长途区号，以防无法接受验证码

Shǒuwèi qǐngwù shūrù líng huò bā děng chángtú qūhào, yǐfáng wúfǎ jiēshòu yànzhèngmǎ

(6) 程序6

① 搜索您的国家和地区
Sōusuǒ nín de guójiā hé dìqū

(7) 程序7

① 验证完成后，你可以使用该手机登录或找回密码
Yànzhèng wánchéng hòu, nǐ kěyǐ shǐyòng gāi shǒujī dēnglù huò zhǎohuí mìmǎ

(8) 程序8

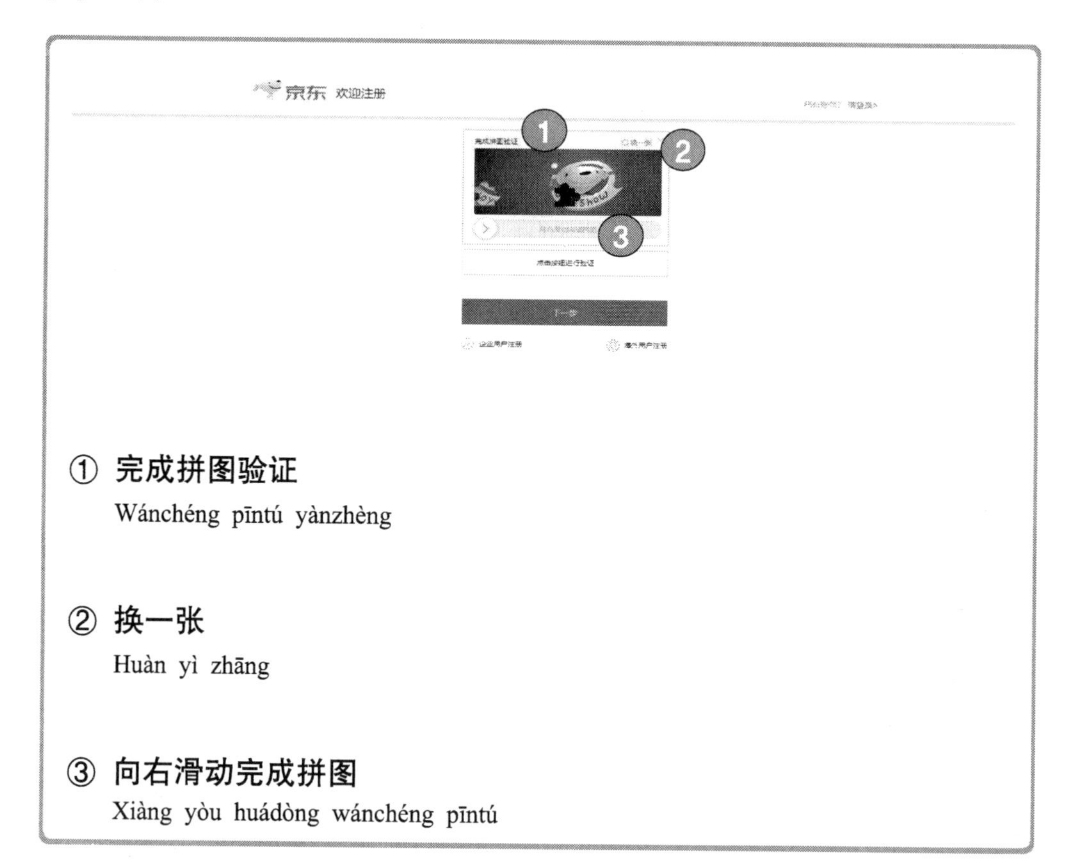

① 完成拼图验证
Wánchéng pīntú yànzhèng

② 换一张
Huàn yì zhāng

③ 向右滑动完成拼图
Xiàng yòu huádòng wánchéng pīntú

(9) 程序9

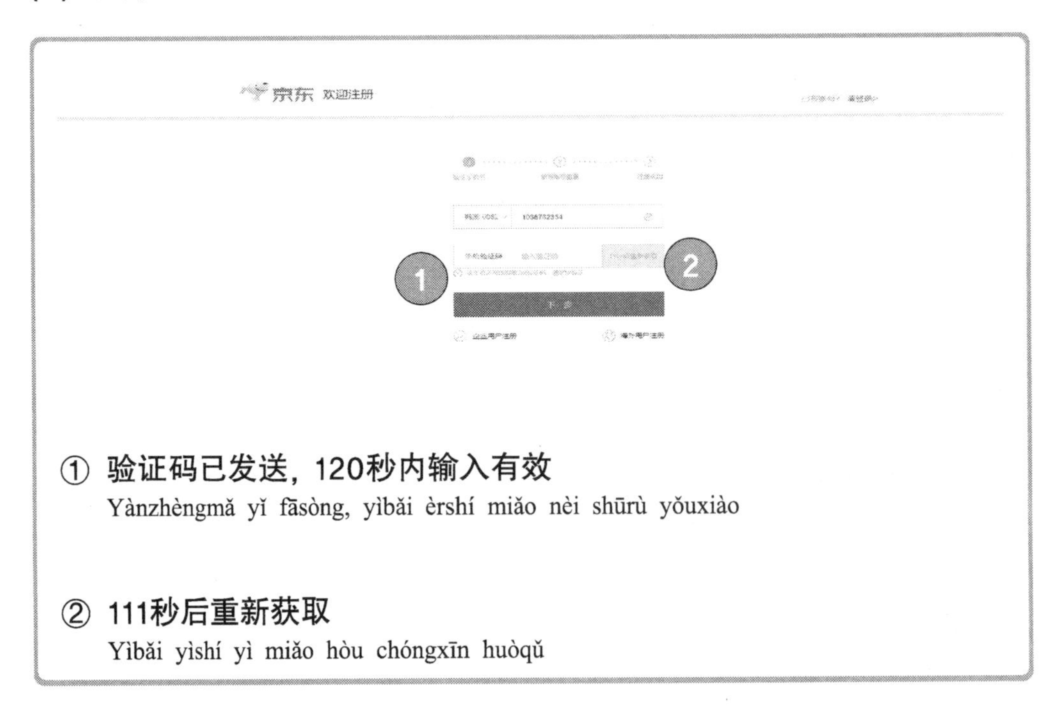

① 验证码已发送，120秒内输入有效
Yànzhèngmǎ yǐ fāsòng, yìbǎi èrshí miǎo nèi shūrù yǒuxiào

② 111秒后重新获取
Yìbǎi yìshí yì miǎo hòu chóngxīn huòqǔ

새 단어

免费 miǎnfèi — 무료로 하다.

注册 zhùcè — (관련 기관·단체·학교 등에) 등기(하다). 등록(하다).

账号 zhànghào — (은행 따위의) 계좌 번호.

登录 dēnglù — 등록하다. 기재하다. 등기하다. 로그인하다.

验证 yànzhèng — 검증하다.

填写 tiánxiě — (일정한 양식에) 써넣다. 기입하다.

信息 xìnxī — 소식. 기별. 뉴스. 정보.

成功 chénggōng — 성공(하다). 완성(하다). 성공적이다.

建议 jiànyì	건의(하다). 제의(하다). 제안(하다).
点击 diǎnjī	클릭하다.
按钮 ànniǔ	(초인종 따위의) 누름단추.
企业 qǐyè	기업.
用户 yònghù	(수도·전기·전화·컴퓨터 따위 설비의) 사용자[가정]. 가입자.
格式 géshì	격식. 양식. 규칙. 서식.
错误 cuòwù	잘못된. 틀린. 틀린 행위. 실수. 잘못.
输入 shūrù	(밖에서 안으로) 들여보내다. 받아들이다. (상품이나 자본을) 수입(하다). 전산 입력(하다). 인풋[input](하다).
重新 chóngxīn	다시. 거듭. 재차. 새로이. 처음부터.
获取 huòqǔ	얻다. 획득하다.
首位 shǒuwèi	수위. 제1위.
长途区号 chángtú qūhào	장거리 지역번호.
无法 wúfǎ	(~할) 방법이[도리가] 없다. ~할 수 없다.
接受 jiēshòu	받아들이다. 수락하다. 받다. 접수하다.
搜索 sōusuǒ	수색(하다). 수사하다. 자세히 뒤지다. 검색(하다).
密码 mìmǎ	비밀 번호. 비밀 전보 코드. 패스워드[password].
拼图 pīntú	조각 그림 맞추기. 퍼즐[puzzle].
滑动 huádòng	미끄럼. 미끄러지다. 미끄러지며 움직이다.
有效 yǒuxiào	유효하다. 효력이 있다.

본문 2. 短信

验证码为561271，请在注册页面中输入以完成注册

Yànzhèngmǎ wéi wǔ liù yāo èr qī yāo, qǐng zài zhùcè yèmiàn zhōng shūrù yǐ wánchéng zhùcè

(1) 程序1

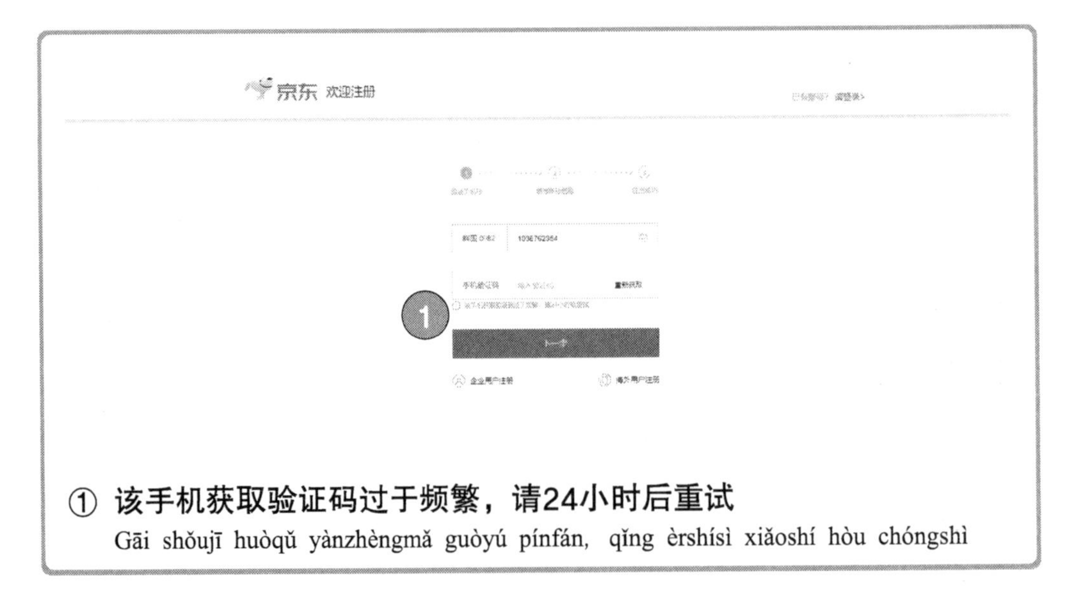

① **该手机获取验证码过于频繁，请24小时后重试**

Gāi shǒujī huòqǔ yànzhèngmǎ guòyú pínfán, qǐng èrshísì xiǎoshí hòu chóngshì

(2) 程序2

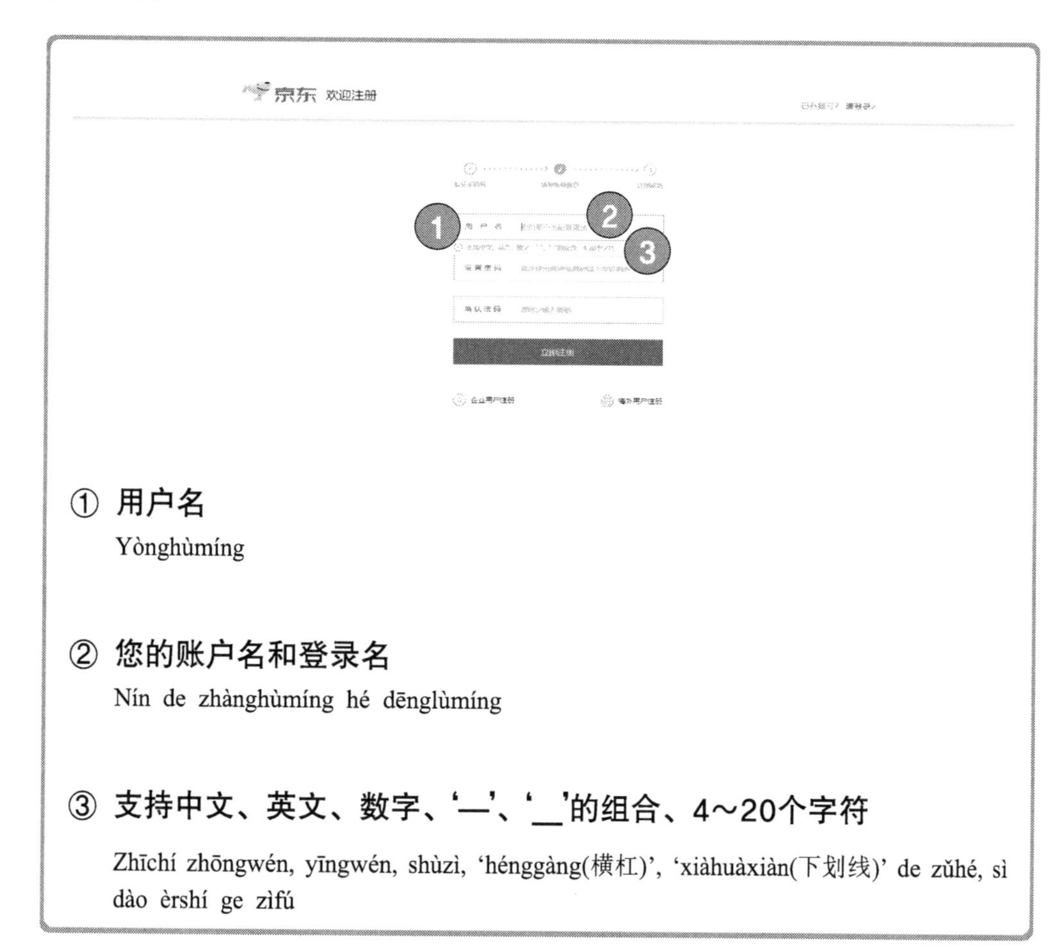

① 用户名

Yònghùmíng

② 您的账户名和登录名

Nín de zhànghùmíng hé dēnglùmíng

③ 支持中文、英文、数字、'—'、'_'的组合、4~20个字符

Zhīchí zhōngwén, yīngwén, shùzì, 'hénggàng(横杠)', 'xiàhuàxiàn(下划线)' de zǔhé, sì dào èrshí ge zìfú

(3) 程序3

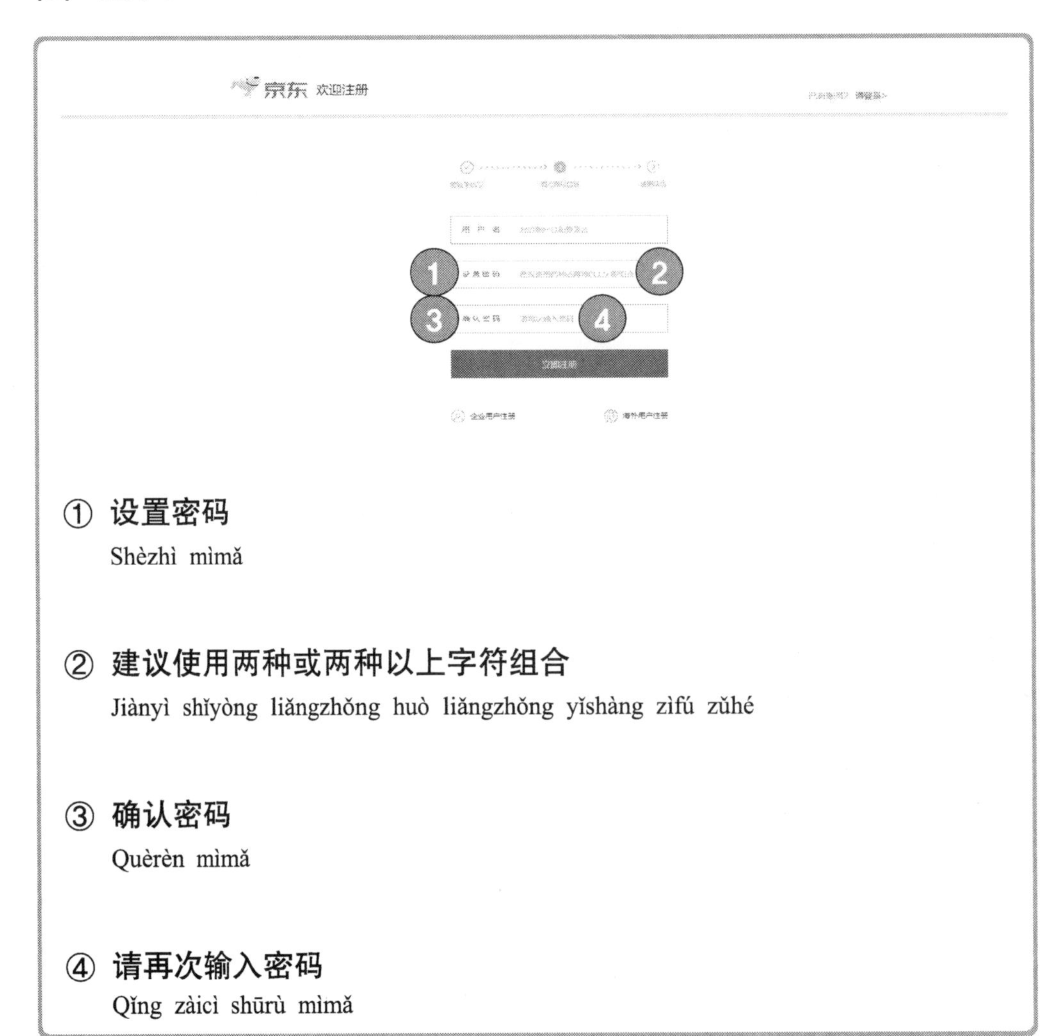

① 设置密码

Shèzhì mìmǎ

② 建议使用两种或两种以上字符组合

Jiànyì shǐyòng liǎngzhǒng huò liǎngzhǒng yǐshàng zìfú zǔhé

③ 确认密码

Quèrèn mìmǎ

④ 请再次输入密码

Qǐng zàicì shūrù mìmǎ

(4) 程序4

① 用户名不能是纯数字，请重新输入!
Yònghùmíng bùnéng shì chún shùzì, qǐng chóngxīn shūrù!

② (强)你的密码很安全
(Qiáng) Nǐ de mìmǎ hěn ānquán

③ 立即注册
Lìjí zhùcè

(5) 程序5

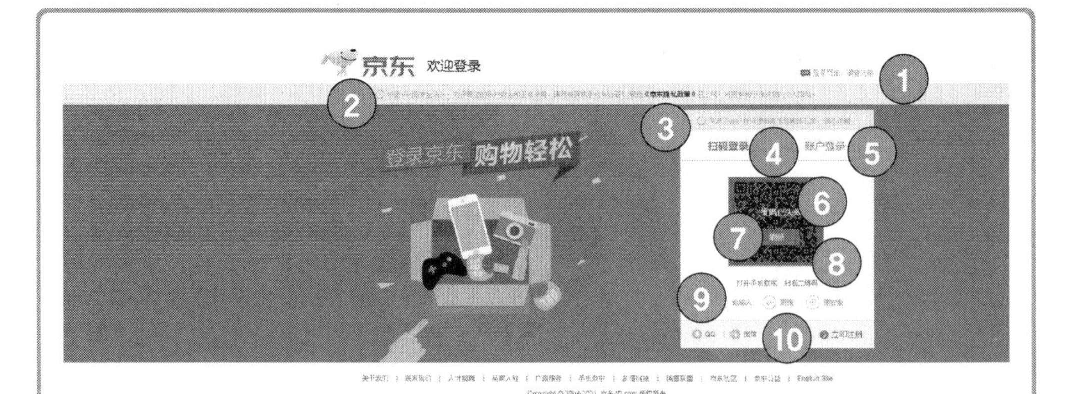

① 登录页面，调查问卷

Dēnglù yèmiàn, dàochá wènjuǎn

② **依据**《网络安全法》，为保障您的账户安全和正常使用，请尽快完成手机号验证!

Yījù《Wǎngluò ānquánfǎ》, wèi bǎozhàng nín de zhànghù ānquán hé zhèngcháng shǐyòng, qǐng jǐnkuài wánchéng shǒujīhào yànzhèng!

新版《京东隐私政策》已上线，将更**有利于**保护您的个人隐私。

Xīnbǎn《Jīngdōng yǐnsī zhèngcè》yǐ shàngxiàn, jiāng gèng yǒulìyú bǎohù nín de gèrén yǐnsī.

③ 京东不会以任何理由要求您转账汇款，谨防诈骗

Jīngdōng búhuì yǐ rènhé lǐyóu yāoqiú nín zhuǎnzhàng huìkuǎn, jǐnfáng zhàpiàn

④ 扫码登录

Sǎomǎ dēnglù

⑤ 账户登录

Zhànghào dēnglù

⑥ 二维码已失效
èrwéimǎ yǐ shīxiào

⑦ 刷新
Shuāxīn

⑧ 打开手机京东扫描二维码
Dǎkāi shǒujī Jīngdōng sǎomiáo èrwéimǎ

⑨ 免输入 Miǎn shūrù
更快 Gèng kuài
更安全 Gèng ānquán

새 단어

过于 guòyú	지나치게. 너무.
频繁 pínfán	잦다. 빈번하다.
设置 shèzhì	설치하다. 설립하다. 장치하다. 설치하다. 설정하다.
字符 zìfú	문자 부호. [컴퓨터나 전자통신에 사용되는 알파벳·숫자 등 각종 부호의 총칭]
组合 zǔhé	조합(하다).
确认 quèrèn	확인(하다).
支持 zhīchí	힘써 견디다. 지탱하다. 지지하다. 후원하다. 주관하다. 주재하다. 좌지우지하다.

纯数字 chún shùzì	순수 숫자.
立即 lìjí	즉시. 곧. 당장. 냉큼.
调查 diàochá	조사(하다).
问卷 wènjuǎn	앙케트. 설문지. 질문지.
保障 bǎozhàng	보장(하다). 보증(하다). 지키는 힘. 보증의 구체적 조건.
新版 xīnbǎn	신판. 최신 버전.
隐私 yǐnsī	사생활. 사적인 비밀. 프라이버시.
政策 zhèngcè	정책.
任何 rènhé	어떠한 (~라도).
理由 lǐyóu	이유.
要求 yāoqiú	요구(하다). 요망(하다).
转账 zhuǎnzhàng	대체(하다). 대체 계정을 하다.
汇款 huìkuǎn	송금하다.
谨防 jǐnfáng	(~에) 주의[유의, 조심]하다. 조심하여 방비하다. 몹시 경계하다. [주로 표어 따위에 사용됨]
诈骗 zhàpiàn	편취하다. 사취하다. 협잡하다.
扫码 sǎomǎ	QR코드를 식별하다.
二维码 èrwéimǎ	2차원 바코드. QR코드.
失效 shīxiào	실효가 되다. 효력을 잃다.
刷新 shuāxīn	쇄신하다. 혁신하다. 새롭게 하다. (기록 따위를) 갱신하다.

구문 설명

1 依据 yījù

'근거', '기반'이라는 뜻으로, 어떤 행동이나 결정을 할 때 그 행동이나 결정을 뒷받침해주는 법적, 과학적 또는 논리적 근거를 나타낸다.

① **最新的经济政策是以全球经济形势为<u>依据</u>制定的。**
Zuìxīn de jīngjì zhèngcè shì yǐ quánqiú jīngjì xíngshì wéi yījù zhìdìng de.
최신 경제 정책은 세계 경제 상황을 기준으로 설정되었다.

② **本次新闻报道是以调查数据为<u>依据</u>进行的。**
Běncì xīnwén bàodào shì yǐ diàochá shùjù wéi yījù jìnxíng de.
이번 뉴스 보도는 조사 데이터를 근거로 진행된 것이다.

③ **为了提高销售额，我们的促销活动是以市场趋势为<u>依据</u>设计的。**
Wèile tígāo xiāoshòu'é, wǒmen de cùxiāo huódòng shì yǐ shìchǎng qūshì wéi yījù shèjì de.
판매액 증가를 위해, 우리의 프로모션 활동은 시장 동향을 기준으로 설계되었다.

2 有利于 yǒulìyú

'이롭다', '~에 도움이 되다', '유리하다'라는 뜻으로, 특정 행동이나 상황이 어떤 결과를 초래하는 데 긍정적인 영향을 미친다는 것을 나타낼 때 사용한다.

① **新的市场策略<u>有利于</u>公司的长期发展。**
Xīn de shìchǎng cèlüè yǒulìyú gōngsī de chángqī fāzhǎn.
새로운 시장 전략은 회사의 장기 발전에 이롭다.

② 良好的睡眠有利于提高工作效率。

Liánghǎo de shuìmián yǒulìyú tígāo gōngzuò xiàolǜ.

좋은 수면은 업무 효율성을 높이는 데 이롭다.

③ 多读书有利于拓宽视野和提升知识水平。

Duō dúshū yǒulìyú tuòkuān shìyě hé tíshēng zhīshi shuǐpíng.

책을 많이 읽는 것은 시야를 넓히고 지식수준을 높이는 데 도움이 된다.

연습문제

1. 본문의 내용에 근거하여 괄호 안에 들어갈 글자를 채우시오.

1) 免(　　　)注册

2) (　　　)迎注册

3) 搜(　　　)您的国家和地区

4) 完成拼(　　　)验证

5) 验证码已发送，120秒内输(　　　)有效

6) 该手机获取验证码过于频繁，请24小时后(　　　)试

7) 您的账(　　　)名和登录名

8) 支持中文、英文、数字、‘—’、‘ _ ”的组合、4~20个 (　　　)符

9) 建(　　　)使用两种或两种以上字符组合

10) 京东不会以任(　　　)理由要求您转账汇款，谨防诈骗

2. 다음 문장을 중국어로 옮기시오.

1) 비밀번호를 다시 입력하세요.

➡

2) 인증번호 발송, 120초 내 입력 유효.

➡

3) 당신의 비밀번호가 매우 안전합니다.

➡

4) 이번 뉴스 보도는 조사 데이터를 근거로 진행된 것이다.

➡

5) 책을 많이 읽는 것은 시야를 넓히고 지식수준을 높이는 데 도움이 된다.

➡

3. 다음 문장을 해석하시오.

1) 向右滑动完成拼图

➡

2) 用户名不能是纯数字，请重新输入！

➡

3) 新版《京东隐私政策》已上线，将更有利于保护您的个人隐私。

➡

4) 最新的经济政策是以全球经济形势为依据制定的。

➡

5) 良好的睡眠有利于提高工作效率。

➡

MEMO

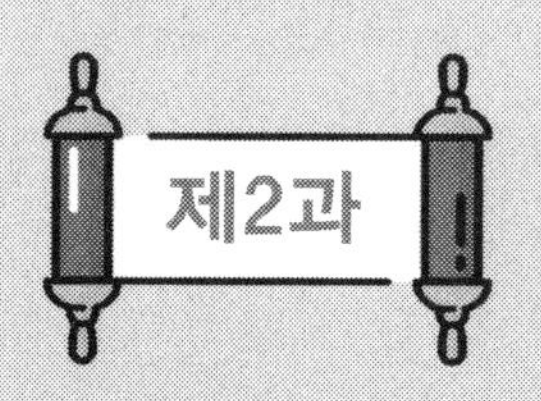

物流平台(二)

본문 1. 问卷调查

登录页满意度调查
Dēnglùyè mǎnyìdù diàochá

尊敬用户您好：
Zūnjìng yònghù nín hǎo:

为了给您提供更加完善的服务，我们希望收集并了解您在页面的使用情况。对您的配合和支持表示衷心的感谢！
Wèile gěi nín tígōng gèngjiā wánshàn de fúwù, wǒmen xīwàng shōují bìng liǎojiě nín zài yèmiàn de shǐyòng qíngkuàng. Duì nín de pèihé hé zhīchí biǎoshì zhōngxīn de gǎnxiè!

* 您对登录页整体满意度如何？
Nín duì dēnglùyè zhěngtǐ mǎnyìdù rúhé?

○ 非常满意 Fēicháng mǎnyì
○ 满意 Mǎnyì
○ 一般 Yìbān
○ 不满意 Bù mǎnyì
○ 非常不满意 Fēicháng bù mǎnyì

您对登录页有什么想法，请大声说出来吧！
(例如：哪里有问题，哪些功能做得不够好等)
Nín duì dēnglùyè yǒu shénme xiǎngfǎ, qǐng dàshēng shuō chūlái ba!
(Lìrú: Nǎli yǒu wèntí, nǎxiē gōngnéng zuò de búgòu hǎo děng)

如果您对京东的使用体验有任何想法，欢迎微信搜索并关注'京东用户体验中心'公众号，参与更多用户体验活动。
Rúguǒ nín duì Jīngdōng de shǐyòng tǐyàn yǒu rènhé xiǎngfǎ, huānyíng wēixìn sōusuǒ bìng guānzhù 'Jīngdōng yònghù tǐyàn zhōngxīn' gōngzhònghào, cānyù gèngduō yònghù tǐyàn huódòng.

姓名 Xìngmíng

手机号 Shǒujīhào

提交
Tíjiāo

새 단어

满意度 mǎnyìdù	만족도.
完善 wánshàn	완벽하다. 나무랄 데가 없다.
收集 shōují	모으다. 수집하다. 채집하다.
页面 yèmiàn	웹페이지.
配合 pèihé	협력하다.
表示 biǎoshì	나타내다(표시하다).
衷心 zhōngxīn	충심. 진심.

整体 zhěngtǐ	전체.
如何 rúhé	어떠냐. 어떠한가.
例如 lìrú	예를 들면. 예컨대.
功能 gōngnéng	기능. 작용. 효능. 활동 능력.
体验 tǐyàn	체험(하다).
微信 wēixìn	위채트. 텐센트에서 2011년에 출시한 메신저 프로그램.
关注 guānzhù	관심(을 가지다). 배려(하다).
公众号 gōngzhòng hào	공식 계정[official accounts].
参与 cānyù	참여하다. 가담하다. 개입하다.
提交 tíjiāo	제출하다.

본문 2. 程序

(1) 程序1

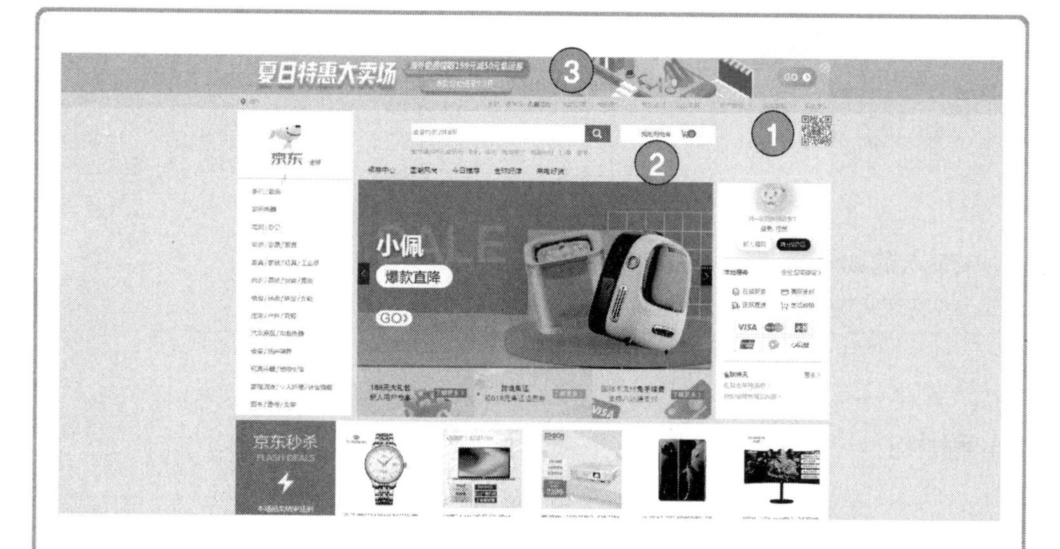

① 网站导航
Wǎngzhàn dǎoháng

② 我的购物车
Wǒ de gòuwùchē

③ 订单
Dìngdān

(2) 程序2

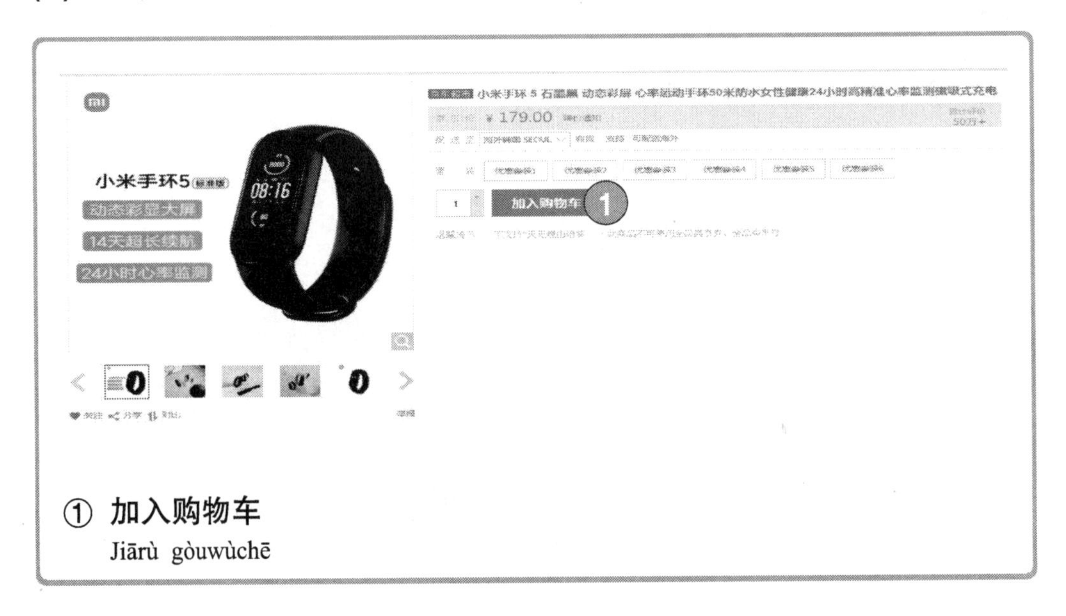

① 加入购物车
Jiārù gòuwùchē

(3) 程序3

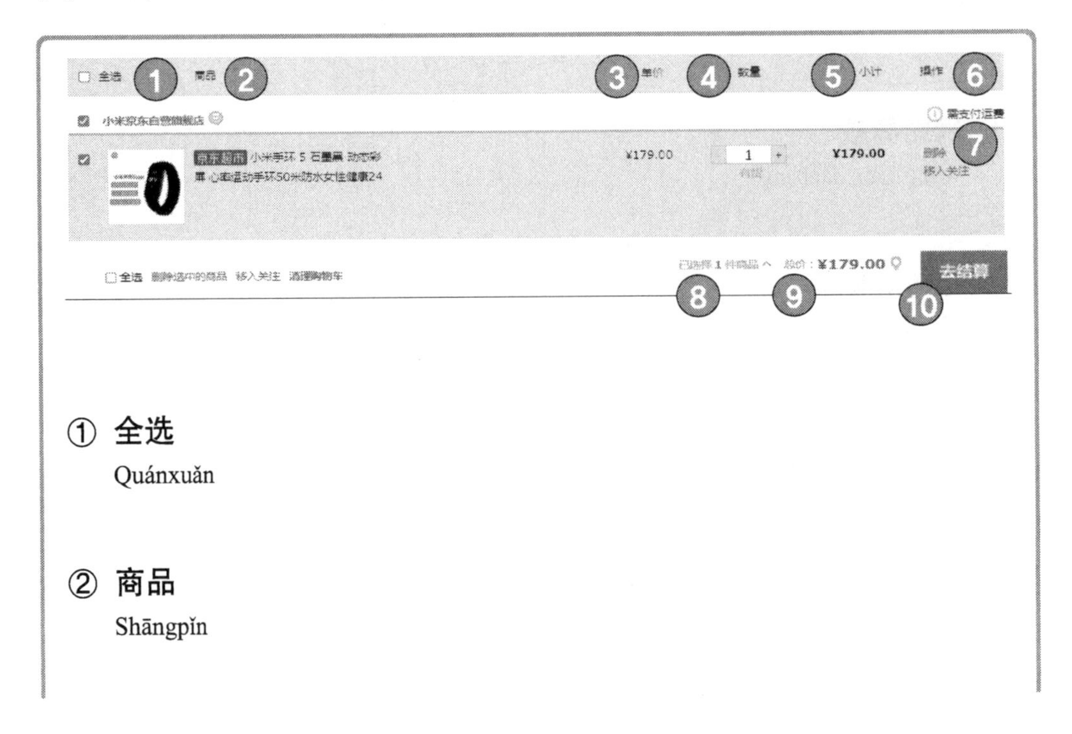

① 全选
Quánxuǎn

② 商品
Shāngpǐn

③ 单价
Dānjià

④ 数量
Shùliàng

⑤ 小计
Xiǎojì

⑥ 操作
Cāozuò

⑦ 删除
Shānchú

⑧ 已选择一件商品
Yǐ xuǎnzé yí jiàn shāngpǐn

⑨ 总价
Zǒngjià

⑩ 去结算
Qù jiésuàn

(4) 程序4

① 新增收货人信息
Xīnzēng shōuhuòrén xìnxī

② 所在地区
Suǒzài dìqū

③ 收货人
Shōuhuòrén

④ 详细地址
Xiángxì dìzhǐ

⑤ 手机号码
Shǒujī hàomǎ

⑥ 邮政编码
Yóuzhèng biānmǎ

⑦ **邮箱地址**
Yóuxiāngdìzhǐ

⑧ **用来接收订单提醒邮件，便于您及时了解订单状态**
Yònglái jiēshōu dìngdān tíxǐng yóujiàn, biànyú nín jíshí liǎojiě dìngdān zhuàngtài

⑨ **地址别名**
Dìzhǐ biémíng

⑩ **建议填写常用名称**
Jiànyì tiánxiě chángyòng míngchēng

⑪ **保存收货人信息**
Bǎocún shōuhuòrén xìnxī

(5) 程序5

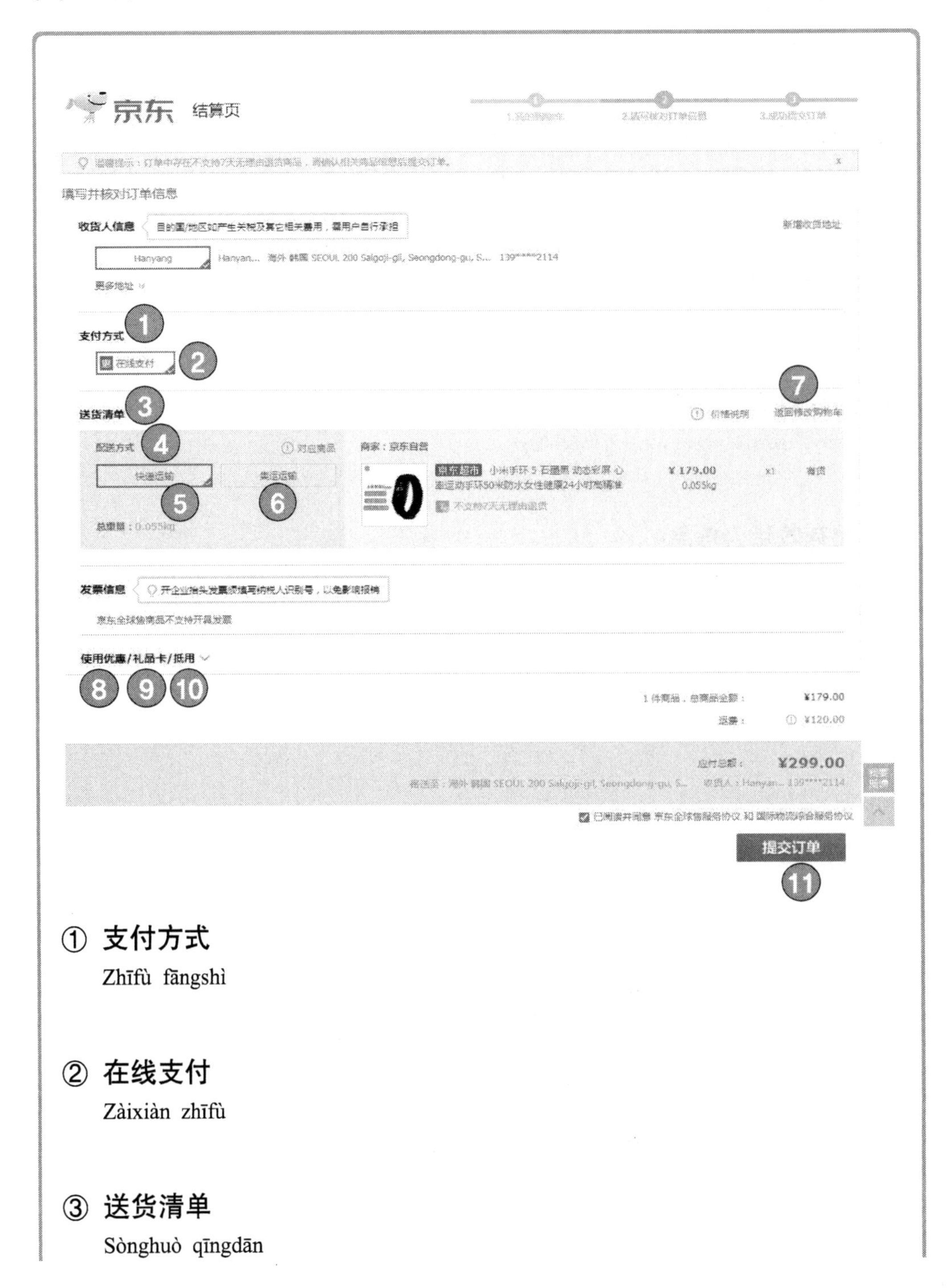

① **支付方式**
Zhīfù fāngshì

② **在线支付**
Zàixiàn zhīfù

③ **送货清单**
Sònghuò qīngdān

④ 配送方式
Pèisòng fāngshì

⑤ 快递运输
Kuàidì yùnshū

⑥ 集运运输
Jíyùn yùnshū

⑦ 返回修改购物车
Fǎnhuí xiūgǎi gòuwùchē

⑧ 使用优惠
Shǐyòng yōuhuì

⑨ 礼品卡
Lǐpǐnkǎ

⑩ 抵用
Dǐyòng

⑪ 提交订单
Tíjiāo dìngdān

(6) 程序6

① 收银台

Shōuyíntái

② 国际卡支付

Guójikǎ zhīfù

③ 更多付款方式

Gèng duō fùkuǎn fāngshì

④ 添加新卡

Tiānjiā xīnkǎ

⑤ **网银支付**
Wăngyín zhīfù

⑥ **立即支付**
Lìjí zhīfù

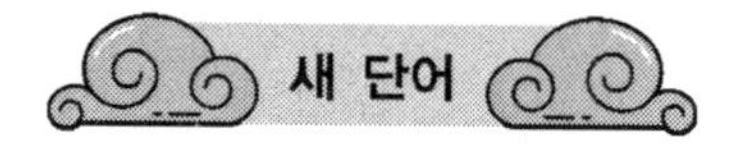

导航 dǎoháng　　네비게이션. (항해나 항공을) 유도하다.

购物车 gòuwùchē　　쇼핑 카트.

删除 shānchú　　삭제하다. 지우다. 빼다.

结算 jiésuàn　　결산(하다).

提醒 tíxǐng　　일깨우다. 깨우치다. 주의를 환기시키다.

状态 zhuàngtài　　상태.

别名 biémíng　　별명.

清单 qīngdān　　명세서. 목록.

配送 pèisòng　　(소비자가 주문한) 물품을 수하인에게 보내다.

抵用 dǐyòng　　쓸모가 있다. 유용하다.

立即 lìjí　　즉시. 곧. 당장. 냉큼.

본문 3. 场景

A: 你好！你知道怎么用我们的购物平台吗？
Nǐ hǎo! Nǐ zhīdào zěnme yòng wǒmen de gòuwù píngtái ma?

B: 你好！不知道，你能教我吗？
Nǐ hǎo! Bù zhīdào, nǐ néng jiāo wǒ ma?

A: 当然可以！首先，你需要注册一个账户。
Dāngrán kěyǐ! Shǒuxiān, nǐ xūyào zhùcè yí gè zhànghù.

B: 怎么注册？
Zěnme zhùcè?

A: 你只要点击注册按钮，填写你的姓名、邮箱和密码就行了。
Nǐ zhǐyào diǎnjī zhùcè ànniǔ, tiánxiě nǐ de xìngmíng, yóuxiāng hé mìmǎ jiù xíng le.

B: 注册完成后呢？
Zhùcè wánchéng hòu ne?

A: 然后，你可以浏览商品。
Ránhòu, nǐ kěyǐ liúlǎn shāngpǐn.
找到你喜欢的商品，点击'加入购物车'。
Zhǎodào nǐ xǐhuān de shāngpǐn, diǎnjī 'jiārù gòuwù chē'.

B: 加入购物车后怎么付款？
Jiārù gòuwù chē hòu zěnme fùkuǎn?

A: 进入购物车页面，确认商品，然后点击‘结算’。
Jìnrù gòuwùchē yèmiàn, quèrèn shāngpǐn, ránhòu diǎnjī ‘jiésuàn’.
你可以选择支付方式，比如信用卡或者支付宝。
Nǐ kěyǐ xuǎnzé zhīfù fāngshì, bǐrú xìnyòngkǎ huòzhě zhīfùbǎo.

B: 听起来很简单。付款后多久能收到商品?
Tīng qǐlái hěn jiǎndān. Fùkuǎn hòu duōjiǔ néng shōudào shāngpǐn?

A: 通常情况下，付款后三到五天可以收到。
Tōngcháng qíngkuàng xià, fùkuǎn hòu sān dào wǔ tiān kěyǐ shōudào.

B: 明白了，谢谢你的帮助!
Míngbái le, xièxie nǐ de bāngzhù!

A: 不客气! 有问题随时联系我。
Bú kèqi! Yǒu wèntí suíshí liánxì wǒ.

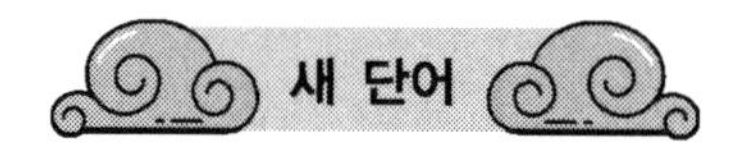

场景 chǎngjǐng	장면.
购物平台 gòuwù píngtái	쇼핑 플랫폼.
浏览 liúlǎn	대강 둘러보다. 대충 훑어보다.
付款 fùkuǎn	돈을 지불하다(지급하다).
支付宝 zhīfùbǎo	알리페이[Alipay].
随时 suíshí	수시(로). 언제나. 때를 가리지 않고. 아무 때나.

구문 설명

1 只要 zhǐyào

'오직 ~하기만 하면'이라는 뜻으로, 특정 조건만 충족되면 결과가 발생한다는 의미를 나타낸다.

① **只要**我们共同努力，就一定能克服困难。
Zhǐyào wǒmen gòngtóng nǔlì, jīù yídìng néng kèfú kùnnán.
우리가 함께 노력하기만 하면, 반드시 어려움을 극복할 수 있다.

② **只要**你喜欢，这些书都可以送给你。
Zhǐyào nǐ xǐhuan, zhè xiē shū dōu kěyǐ sòng gěi nǐ.
네가 좋아하기만 하면, 이 책들은 모두 너에게 줄 수 있다.

③ **只要**每天坚持读书，你的知识水平一定会提高。
Zhǐyào měitiān jiānchí dúshū, nǐ de zhīshi shuǐpíng yídìng huì tígāo.
매일 꾸준히 독서하기만 하면, 지식수준이 반드시 향상될 것이다.

2 或者 huòzhě

'혹은', '또는'이라는 뜻으로, 주로 선택적인 문장을 연결할 때 사용한다.

① 你可以选择去海边度假**或者**在山里露营。
Nǐ kěyǐ xuǎnzé qù hǎibiān dùjià huòzhě zài shānli lùyíng.
해변에서 휴가를 보내거나 산속에서 캠핑을 선택할 수 있다.

② 我们可以考虑减税政策**或者**提高最低工资水平。
Wǒmen kěyǐ kǎolǜ jiǎnshuì zhèngcè huòzhě tígāo zuìdī gōngzī shuǐpíng.
우리는 세금 감면 정책을 고려하거나 최저 임금 수준을 높일 수 있다.

③ **我们可以去看电影<u>或者</u>吃披萨。**

Wǒmen kěyǐ qù kàn diànyǐng huòzhě chī pīsà.

우리는 영화 보러 가거나 피자 먹으러 갈 수 있다.

연습문제

1. 본문의 내용에 근거하여 괄호 안에 들어갈 글자를 채우시오.

1) 对您的配合和支持表示(　　　)心的感谢!

2) 您对登录页(　　　)体满意度如何?

3) 如果您(　　　)京东的使用体验有任何想法，欢迎微信搜索并关注‘京东用户体验中心’公众号，参与更多用户体验活动。

4) 已选(　　　)一件商品

5) 新增收(　　　)人信息

6) 用来接收订单提(　　　)邮件，便于您及时了解订单状态

7) 返(　　　)修改购物车

8) 你需要注(　　　)一个账户。

9) 找到你喜欢的商品，(　　　)击‘加入购物车’。

10) 有问题随(　　　)联系我。

2. 다음 문장을 중국어로 옮기시오.

1) 계정을 하나 등록해야 합니다.

➡

2) 상품을 둘러보실 수 있습니다.

➡

3) 결제 후, 얼마나 있다가 상품을 받을 수 있나요?

➡

4) 우리가 함께 노력하기만 하면, 반드시 어려움을 극복할 수 있다.

➡

5) 우리는 영화 보러 가거나 피자 먹으러 갈 수 있다.

➡

3. 다음 문장을 해석하시오.

1) 你知道怎么用我们的购物平台吗？

➡

2) 你只要点击注册按钮，填写你的姓名、邮箱和密码就行了。

➡

3) 找到你喜欢的商品，点击‘加入购物车’。

➡

4) 你可以选择去海边度假或者在山里露营。

➡

5) 只要每天坚持读书，你的知识水平一定会提高。

➡

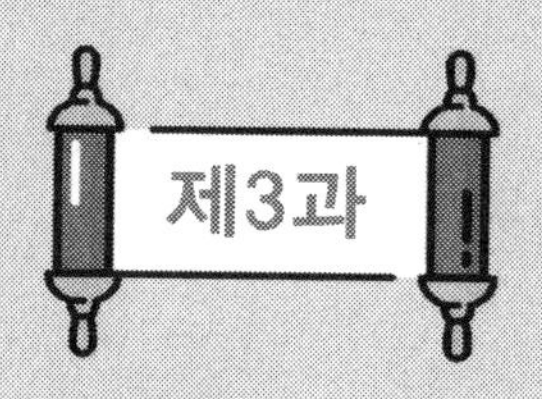

大众歌曲(一)

본문 1. 邓丽君

1953年1月29日出生于台湾，是一位非常有名的华语流行歌手。她的声音甜美，演唱风格温柔，深受大家喜爱。她的代表歌曲有《月亮代表我的心》、《甜蜜蜜》和《小城故事》。

邓丽君的歌在台湾、中国大陆、东南亚和日本都很受欢迎。1995年5月8日，她在泰国因哮喘去世，年仅42岁。她的音乐至今仍然影响着很多人。

Yījiǔwǔsān nián yī yuè èrshíjiǔ rì chūshēng yú Táiwān, shì yí wèi fēicháng yǒumíng de huáyǔ liúxíng gēshǒu. Tā de shēngyīn tiánměi, yǎnchàng fēnggé wēnróu, shēnshòu dàjiā xǐ'ài. Tā de dàibiǎo gēqǔ yǒu《Yuèliàng dàibiǎo wǒ de xīn》,《Tiánmìmi》hé《Xiǎochéng gùshì》.

Dènglìjūn de gē zài Táiwān, Zhōngguó dàlù, Dōngnányà hé Rìběn dōu hěn shòu huānyíng. Yījiǔjiǔwǔ nián wǔ yuè bā rì, Tā zài Tàiguó yīn xiāochuǎn qùshì, nián jǐn sìshí'èr suì. Tā de yīnyuè zhìjīn réngrán yǐngxiǎng zhe hěn duō rén.

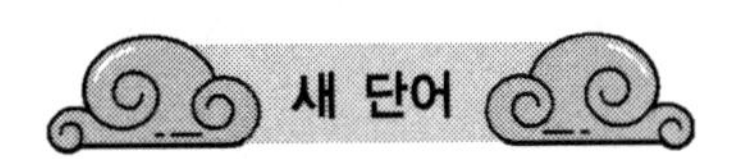

大众歌曲 dàzhòng gēqǔ	대중가요.
邓丽君 Dènglìjūn	등려군[인명(人名)].
流行歌手 liúxíng gēshǒu	대중가수.
声音 shēngyīn	목소리.
甜美 tiánměi	달콤하다.

演唱 yǎnchàng	부르다. 노래하다.
风格 fēnggé	스타일.
深受 shēnshòu	깊이 받다. 크게 받다.
东南亚 Dōngnányà	동남아.
泰国 Tàiguó	태국.
哮喘 xiāochuǎn	천식.
去世 qùshì	세상을 떠나다. 사망하다.
仅 jǐn	겨우. 가까스로. 근근이.
至今 zhìjīn	지금까지. 오늘까지.

본문 2. 今夜想起你

月亮那样美丽
Yuèliàng nàyàng měilì

月亮不是你
Yuèliàng bú shì nǐ

照在我的身边
Zhào zài wǒ de shēnbiān

没有你的情意
Méiyǒu nǐ de qíngyì

你曾给过我欢乐
Nǐ céng gěi guo wǒ huānlè

给过我甜蜜
Gěi guo wǒ tiánmì

时光一去不再回来
Shíguāng yí qù bú zài huílái

留下无限回忆
Liúxià wúxiàn huíyì

谁知谁知道今夜你在哪里
Shéi zhī shéi zhīdào jīnyè nǐ zài nǎli

谁知道今夜我在哪里
Shéi zhīdào jīnyè wǒ zài nǎli

看见月亮叫我想起
Kànjiàn yuèliàng jiào wǒ xiǎngqǐ

想起你的情意
Xiǎngqǐ nǐ de qíngyì

照 zhào 비치다. 비추다. 빛나다.

情意 qíngyì 정[情]. 감정. 호의. 애정.

曾 céng 일찍이. 이전에. 이미.

欢乐 huānlè 즐겁다. 유쾌하다.

甜蜜 tiánmì 아주 달다. 달콤하다.

时光 shíguāng 시간. 세월.

留下 liúxià 남겨 놓다.

无限 wúxiàn 한없다. 무한하다. 끝없다.

回忆 huíyì 회상(하다). 추억(하다).

본문 3. 崔健

崔健，1961年8月2日出生于北京，是中国著名的摇滚歌手，**被**誉为'中国摇滚之父'。他于1986年推出了经典歌曲《一无所有》，这首歌标志着中国摇滚乐的正式诞生。

崔健以其独特的音乐风格和对社会现象的敏锐洞察力，深受广大听众喜爱。他的音乐作品**不仅**反映了个人情感，**更**表达了对社会现实的深刻思考。

崔健在中国音乐史上占据着重要地位，对中国现代音乐的发展产生了深远影响。

Cuījiàn, yījiǔliùyī nián bā yuè èr rì chūshēng yú Běijīng, shì Zhōngguó zhùmíng de yáogǔn gēshǒu, bèi yùwéi 'Zhōngguó yáogǔn zhī fù'. Tā yú yījiǔbāliù nián tuīchū le jīngdiǎn gēqǔ《Yìwú suǒyǒu》, zhè shǒu gē biāozhì zhe Zhōngguó yáogǔnyuè de zhèngshì dànshēng.

Cuījiàn yǐ qí dútè de yīnyuè fēnggé hé duì shèhuì xiànxiàng de mǐnruì dòngchálì, shēn shòu guǎngdà tīngzhòng xǐ'ài. Tā de yīnyuè zuòpǐn bùjǐn fǎnyìng le gèrén qínggǎn, gèng biǎodá le duì shèhuì xiànshí de shēnkè sīkǎo.

Cuījiàn zài Zhōngguó yīnyuèshǐ shàng zhànjù zhe zhòngyào dìwèi, duì Zhōngguó xiàndài yīnyuè de fāzhǎn chǎnshēng le shēnyuǎn yǐngxiǎng.

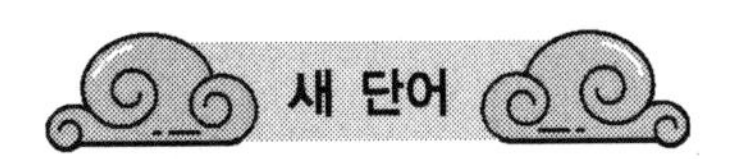

崔健 Cuījàn	최건[인명(人名)].
摇滚(乐) yáogǔn(yuè)	록. 로큰롤.

誉为 yùwéi	~라고 칭송받다. ~라고 불리다.
推出 tuīchū	(시장에 신상품이나 새로운 아이디어를) 내놓다.
经典歌曲 jīngdiǎn gēqǔ	명곡.
一无所有 Yìwú suǒyǒu	아무 것도 가진 것이 없다. 무일푼.
标志 biāozhì	상징하다. 명시하다.
诞生 dànshēng	탄생하다. 태어나다. 출생하다.
敏锐 mǐnruì	(감각이) 예민하다.
洞察力 dòngchálì	통찰력.
听众 tīngzhòng	청중.
表达 biǎodá	표현하다. 나타내다.
深刻 shēnkè	심오하다. 깊다.
占据 zhànjù	차지하다. 점유하다.

본문 4. 一无所有

我曾经问个不休
Wǒ céngjīng wèn gè bùxiū

你何时跟我走
Nǐ héshí gēn wǒ zǒu

可你却总是笑我
Kě nǐ què zǒngshì xiào wǒ

一无所有
Yìwú suǒyǒu

我要给你我的追求
Wǒ yào gěi nǐ wǒ de zhuīqiú

还有我的自由
Háiyǒu wǒ de zìyóu

可你却总是笑我
Kě nǐ què zǒngshì xiào wǒ

一无所有
Yìwú suǒyǒu

噢……你何时跟我走
Ō……nǐ héshí gēn wǒ zǒu

脚下的地在走
Jiǎoxià de dì zài zǒu

身边的水在流
Shēnbiān de shuǐ zài liú

可你却总是笑我
Kě nǐ què zǒngshì xiào wǒ

一无所有
Yìwú suǒyǒu

为何你总笑个没够
Wèihé nǐ zǒng xiào gè méi gòu

为何我总要追求
Wèihé wǒ zǒngyào zhuīqiú

难道在你面前
Nándào zài nǐ miànqián

我永远是一无所有
Wǒ yǒngyuǎn shì yìwú suǒyǒu

噢……你何时跟我走
Ō……nǐ héshí gēn wǒ zǒu

脚下的地在走
Jiǎoxià de dì zài zǒu

身边的水在流
Shēnbiān de shuǐ zài liú

告诉你我等了很久
Gàosù nǐ wǒ děng le hěn jiǔ

告诉你我最后的要求
Gàosù nǐ wǒ zuìhòu de yāoqiú

我要抓起你的双手
Wǒ yào zhuāqǐ nǐ de shuāngshǒu

你这就跟我走
Nǐ zhè jiù gēn wǒ zǒu

这时你的手在颤抖
Zhè shí nǐ de shǒu zài chàndǒu

这时你的泪在流
Zhè shí nǐ de lèi zài liú

莫非你是在告诉我
Mòfēi nǐ shì zài gàosù wǒ

你爱我一无所有
Nǐ ài wǒ yìwú suǒyǒu

噢……你这就跟我走
Ō……nǐ zhè jiù gēn wǒ zǒu

새 단어

曾经 céngjīng	일찍이. 이전에. 이미. 벌써.
不休 bùxiū	멈추지 않다. 쉬지 않다.
何时 héshí	언제.
追求 zhuīqiú	추구하다.
为何 wèihé	왜. 무엇 때문에.
总要 zǒngyào	아무래도(결국, 어쨌든) ~해야 한다.
颤抖 chàndǒu	부들부들(와들와들) 떨다.
莫非 mòfēi	설마 ~란 말인가? 설마 ~은 아니겠지?

구문 설명

1 曾 céng

'이전에', '과거에'라는 뜻으로 과거의 경험을 나타낼 때 사용한다. 부정문에 쓰이면 주로 '한 번도 ~한 적이 없다'라는 의미를 나타낸다.

① **我们未曾见过如此壮丽的景色。**
Wǒmen wèicéng jiàn guo rúcǐ zhuànglì de jǐngsè.
우리는 이렇게 장엄한 경치를 본 적이 없다.

② **这位科学家曾在多个国际会议上发表演讲。**
Zhè wèi kēxuéjiā céng zài duō gè guójì huìyì shàng fābiǎo yǎnjiǎng.
이 과학자는 여러 국제 회의에서 연설을 한 적이 있다.

③ **这位演员曾在国际电影节上获得最佳男主角奖。**
Zhè wèi yǎnyuán céng zài guójì diànyǐngjié shàng huòdé zuìjiā nán zhǔjué jiǎng.
이 배우는 국제 영화제에서 최우수 남우주연상을 받은 적이 있다.

2 想起 xiǎngqǐ

'생각해 내다' 또는 '기억해 내다'라는 뜻으로, '주어+想起+기억하는 대상'의 구조로 쓰여 과거에 있었던 일을 기억해 내는 것을 의미한다.

① **读到这篇文章时，我不禁想起了几年前的一位老朋友。**
Dú dào zhè piān wénzhāng shí, wǒ bùjīn xiǎngqǐ le jǐ nián qián de yí wèi lǎopéngyou.
이 글을 읽으면서, 나는 나도 모르게 몇 년 전의 한 오랜 친구가 떠올랐다.

② **他看到那幅画，突然想起了儿时在乡下度过的日子。**
Tā kàndào nà fú huà, tūrán xiǎngqǐ le érshí zài xiāngxià dù guo de rìzi.
그는 그 그림을 보고, 갑자기 어렸을 때 시골에서 보냈던 날들이 떠올랐다.

③ **每当她独自一人时，脑海中总会<u>想起</u>那些难忘的时光。**
Měi dāng tā dúzì yìrén shí, nǎohǎi zhōng zǒnghuì xiǎngqǐ nàxiē nánwàng de shíguāng.
그녀는 혼자 있을 때마다, 그녀는 머릿속에 항상 그 잊지 못할 추억들을 떠올린다.

3 被 bèi

'(~에게) ~당하다'라는 뜻으로, 피동문에서 동작·작용을 행하는 주체가 무엇인지를 표시하거나 동사 앞에 쓰여서 피동의 의미를 나타낸다.

① **中国<u>被</u>列为全球最大碳排放国。**
Zhōngguó bèi lièwéi quánqiú zuìdà tàn páifàng guó.
중국이 세계 최대 탄소 배출국으로 지정되었다.

② **城市<u>被</u>严重的空气污染困扰。**
Chéngshì bèi yánzhòng de kōngqì wūrǎn kùnrǎo.
도시가 심각한 공기 오염에 시달리고 있다.

4 不仅 bùjǐn ~ 更 gèng

'~뿐만 아니라, 더~'라는 뜻으로, 상황이나 조건을 비교하거나 대조할 때 사용한다. 첫 번째 조건뿐만 아니라 두 번째 조건이 더 강조됨을 나타낸다.

① **保护环境<u>不仅</u>是政府的责任，<u>更</u>是每个公民的义务。**
Bǎohù huánjìng bùjǐn shì zhèngfǔ de zérèn, gèng shì měi gè gōngmín de yìwù.
환경 보호는 정부의 책임일 뿐만 아니라, 더 나아가 모든 시민의 의무이다.

② **中国<u>不仅</u>在亚洲扮演重要角色，<u>更</u>在全球事务中发挥关键作用。**
Zhōngguó bùjǐn zài Yàzhōu bànyǎn zhòngyào juésè, gèng zài quánqiú shìwù zhōng fāhuī guānjiàn zuòyòng.
중국은 아시아에서 중요한 역할을 할 뿐만 아니라, 더 나아가 글로벌 이슈에서도 핵심적인 역할을 하고 있다.

③ **技术进步<u>不仅</u>推动了经济发展，<u>更</u>提升了人类的生活质量。**
Jìshù jìnbù bùjǐn tuīdòng le jīngjì fāzhǎn, gèng tíshēng le rénlèi de shēnghuó zhìliàng.
기술 발전은 경제 성장을 촉진할 뿐만 아니라, 더 나아가 인류의 삶의 질을 향상시켰다.

5 难道 nándào

'설마', '설마 ~하겠는가', '정말로 ~란 말인가'라는 뜻으로, 말하는 사람이 특정한 사실이나 상황에 놀라워하거나 이해할 수 없다고 생각할 때 쓰이며, 상대방의 의견이나 생각을 반박하거나 예상 밖의 상황에 대해 의문을 나타낸다.

① **<u>难道</u>你不相信我吗?**
Nándào nǐ bù xiāngxìn wǒ ma?
설마 너 나를 믿지 않는 거니?

② **<u>难道</u>大家对垃圾分类不重视吗?**
Nándào dàjiā duì lājī fēnlèi bú zhòngshì ma?
설마 모두가 쓰레기 분리에 대해 신경 쓰지 않는단 말인가?

③ **<u>难道</u>我们不能找到更好的解决方案吗?**
Nándào wǒmen bùnéng zhǎodào gèng hǎo de jiějué fāng'àn ma?
설마 우리가 더 좋은 해결책을 찾을 수 없단 말인가?

6 莫非 mòfēi

'설마 ~란 말인가?', '설마 ~은 아니겠지?', '혹시 ~이 아닐까?', '아마 ~일 것이다', '~임에 틀림없다'라는 뜻으로, 추측이나 반문을 나타내며 종종 '不成'과 호응하여 쓰인다.

① **<u>莫非</u>这就是未来科技的趋势?**
Mòfēi zhè jiùshì wèilái kējì de qūshì?
혹시 이게 미래 과학 기술의 트렌드가 아닐까?

② 莫非他已经掌握了新的商业模式?
Mòfēi tā yǐjing zhǎngwò le xīn de shāngyè móshì?
혹시 그가 새로운 사업 모델을 이미 파악했을까?

③ 莫非这次的经济危机真的会比之前更严重?
Mòfēi zhè cì de jīngjì wēijī zhēnde huì bǐ zhīqián gèng yánzhòng?
혹시 이번 경제 위기가 이전보다 더 심각할까?

④ 莫非我听错了?
Mòfēi wǒ tīngcuò le
혹시 내가 잘못 들었단 말인가?

⑤ 今天她没来, 莫非又生了病不成?
Jīntiān tā méi lái, mòfēi yòu shēng le bìng bù chéng
그녀가 오늘 오지 않았는데, 설마 또 병이 난 것은 아니겠지?

⑥ 走南闯北那么多年, 还是个光光的, 莫非犯了什么错误!
Zǒunán chuǎngběi nàme duōnián, háishi gè guāngguāng de, mòfēi fàn le shénme cuòwù!
이리저리 그렇게 여러 해를 돌아다니고도, 여전히 빈털터리라니, 무슨 잘못을 저지른 것임에 틀림없다.

연습문제

1. 본문의 내용에 근거하여 괄호 안에 들어갈 글자를 채우시오.

1) 1953年1月29日出生(　　　)台湾，是一位非常有名的华语流行歌手。

2) 她的声音甜美，演唱风格温柔，深(　　　)大家喜爱。

3) 她的代(　　　)歌曲有《月亮代表我的心》、《甜蜜蜜》和《小城故事》。

4) 邓丽君的歌(　　　)台湾、中国大陆、东南亚和日本都很受欢迎。

5) 她的音乐(　　　)今仍然影响着很多人。

6) 崔健，1961年8月2日出生于北京，是中国著名的摇滚歌手，(　　　)誉为'中国摇滚之父'。

7) 他于1986年推出了经典歌曲《一无所有》，这(　　　)歌标志着中国摇滚乐的正式诞生。

8) 崔健(　　　)其独特的音乐风格和对社会现象的敏锐洞察力，深受广大听众喜爱。

9) 他的音乐作品不仅反映了个人情感，更表达了对社会现实的深(　　　) 思考。

10) 崔健在中国音乐史上占(　　　)着重要地位，对中国现代音乐的发展产生了深远影响。

2. 다음 문장을 중국어로 옮기시오.

1) 우리는 이렇게 장엄한 경치를 본 적이 없다.

➡

2) 중국이 세계 최대 탄소 배출국으로 지정되었다.

➡

3) 환경 보호는 정부의 책임일 뿐만 아니라, 더 나아가 모든 시민의 의무이다.

➡

4) 설마 너 나를 믿지 않는 거니?

➡

5) 혹시 내가 잘못 들었단 말인가?

➡

3. 다음 문장을 해석하시오.

1) 她的声音甜美，演唱风格温柔，深受大家喜爱。

➡

2) 他的音乐作品不仅反映了个人情感，更表达了对社会现实的深刻思考。

➡

3) 这位演员曾在国际电影节上获得最佳男主角奖。

➡

4) 城市被严重的空气污染困扰。

➡

5) 难道我们不能找到更好的解决方案吗？

➡

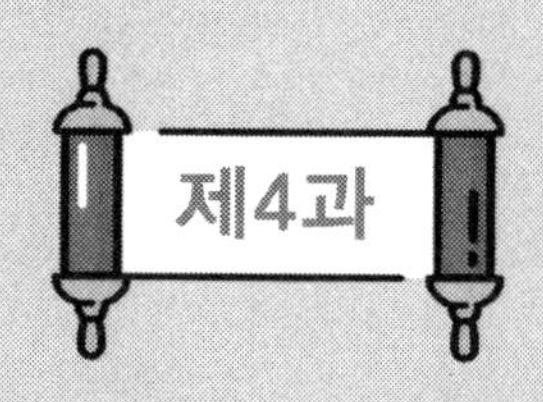

大众歌曲(二)

본문 1. 王菲

1969年出生于北京，是华语流行音乐和影视界的著名人物。她**以**独特的嗓音和多变的音乐风格**闻名**，融合了流行、摇滚和民谣等多种元素。

王菲的音乐不仅在中国大陆广受欢迎，还在港澳台及海外华人圈拥有大量粉丝。她的个人风格和音乐创新**对**华语流行音乐的发展**起到了**重要作用，成为华语音乐史上不可或缺的标志性人物。

王菲对时尚和文化的影响也非常显著，被誉为‘天后’。

Yījiǔliùjiǔ nián chūshēng yú Běijīng, shì huáyǔ liúxíng yīnyuè hé yǐngshìjiè de zhùmíng rénwù. Tā yǐ dútè de sǎngyīn hé duōbiàn de yīnyuè fēnggé wénmíng, rónghé le liúxíng, yáogǔn hé mínyáo děng duō zhǒng yuánsù.

Wángfēi de yīnyuè bùjǐn zài Zhōngguó dàlù guǎng shòu huānyíng, hái zài Gǎng Ào Tái jí hǎiwài huárénquān yǒngyǒu dàliàng fěnsī. Tā de gèrén fēnggé hé yīnyuè chuàngxīn duì Huáyǔ liúxíng yīnyuè de fāzhǎn qǐdào le zhòngyào zuòyòng, chéngwéi huáyǔ yīnyuèshǐ shàng bùkě huòquē de biāozhìxìng rénwù.

Wángfēi duì shíshàng hé wénhuà de yǐngxiǎng yě fēicháng xiǎnzhù, bèi yùwéi ‘tiānhòu’.

王菲 Wángfēi	왕비[인명(人名)].
影视界 yǐngshìjiè	영화 및 TV 산업(업계).
嗓音 sǎngyīn	목소리. 음색.

多变 duōbiàn	변하기 쉬운. 변화 있는. 다채로운.
闻名 wénmíng	유명하다.
融合 rónghé	융합하다. 마음을 탁 터놓다. 결합하다.
民谣 mínyáo	포크송. 민요. 민간 가요.
元素 yuánsù	요소. 원소.
港澳台 Gǎng Ào Tái	홍콩·마카오·타이완.
粉丝 fěnsī	팬[Fan].
创新 chuàngxīn	혁신(적인).
不可或缺 bùkě huòquē	없어선 안 되다. 필수 불가결하다.
时尚 shíshàng	패션. 시류.
显著 xiǎnzhù	현저하다. 뚜렷하다. 두드러지다.
誉为 yùwéi	~라고 칭송받다. ~라고 불리다.

본문 2. 匆匆那年

匆匆那年我们 究竟说了几遍 再见之后再拖延
Cōngcōng nànián wǒmen jiūjìng shuō le jǐ biàn zàijiàn zhīhòu zài tuōyán

可惜谁有没有 爱过不是一场 七情上面的雄辩
Kěxī shéi yǒu méiyǒu ài guò bú shì yì chǎng qīqíng shàngmiàn de xióngbiàn

匆匆那年我们 一时匆忙撂下 难以承受的诺言 只有等别人兑现
Cōngcōng nànián wǒmen yìshí cōngmáng liàoxià nányǐ chéngshòu de nuòyán zhǐyǒu děng biérén duìxiàn

不怪那吻痕还没积累成茧
Bú guài nà wěnhén hái méi jīlěi chéng jiǎn

拥抱着冬眠也没能 羽化再成仙
Yōngbào zhe dōngmián yě méi néng yǔhuà zài chéng xiān

不怪这一段情 没空反复再排练
Bú guài zhè yí duàn qíng méi kòng fǎnfù zài páiliàn

是岁月宽容恩赐 反悔的时间
Shì suìyuè kuānróng ēncì fǎnhuǐ de shíjiān

如果再见不能红着眼 是否还能红着脸
Rúguǒ zàijiàn bùnéng hóng zhe yǎn shìfǒu hái néng hóng zhe liǎn

就像那年匆促 刻下永远一起 那样美丽的谣言
Jiù xiàng nànián cōngcù kè xià yǒngyuǎn yìqǐ nàyàng měilì de yáoyán

如果过去还值得眷恋 别太快冰释前嫌
Rúguǒ guòqù hái zhíde juànliàn bié tài kuài bīngshì qiánxián

谁甘心就这样 彼此无挂也无牵
Shéi gānxīn jiù zhèyàng bǐcǐ wúguà yě wúqiān

我们要互相亏欠 要不然凭何怀缅
Wǒmen yào hùxiāng kuīqiàn yàobùrán pínghé huáimiǎn

匆匆那年我们 见过太少世面 只爱看同一张脸
Cōngcōng nànián wǒmen jiàn guo tài shǎo shìmiàn zhǐ ài kàn tóng yì zhāng liǎn

那么莫名其妙 那么讨人欢喜 闹起来又太讨厌
Nàme mòmíng qímiào nàme tǎorén huānxǐ nàoqǐlái yòu tài tǎoyàn

相爱那年活该 匆匆因为我们 不懂顽固的诺言 只是分手的前言
Xiāng'ài nànián huógāi cōngcōng yīnwèi wǒmen bù dǒng wángù de nuòyán zhǐshì fēnshǒu de qiányán

不怪那天太冷 泪滴水成冰
Bú guài nàtiān tài lěng lèi dī shuǐ chéng bīng

春风也一样没 吹进凝固的照片
Chūnfēng yě yíyàng méi chuī jìn nínggù de zhàopiàn

不怪每一个人 没能完整爱一遍
Bú guài měi yí gè rén méinéng wánzhěng ài yí biàn

是岁月善意落下 残缺的悬念
Shì suìyuè shànyì luòxià cánquē de xuánniàn

我们要互相亏欠 我们要藕断丝连
Wǒmen yào hùxiāng kuīqiàn wǒmen yào ǒuduàn sīlián

새 단어

匆匆 cōngcōng	서둘러. 분주한 모양.
究竟 jiūjìng	도대체. 대체. 대관절.
拖延 tuōyán	지연하다. 늦추다. 늑장.
可惜 kěxī	아쉽다. 애석하다. 아깝다.
七情 qīqíng	칠정[인간의 일곱 가지 기본 감정을 의미]. 기쁨[喜 xǐ], 분노[怒 nù], 슬픔[哀 āi], 즐거움[乐 lè], 사랑[爱 ài], 미움[恶 è], 욕망[欲 yù] 등을 말함.
雄辩 xióngbiàn	웅변. 설득력 있다.
撂下 liàoxià	버려두다. 방치하다.
承受 chéngshòu	감당하다. 이겨 내다.
诺言 nuòyán	언약.
兑现 duìxiàn	약속을 실행하다.
吻痕 wěnhén	키스로 인한 흔적.
积累 jīlěi	쌓이다. 누적하다. 축적하다.
茧 jiǎn	고치. 잠견[蠶繭].
冬眠 dōngmián	동면. 겨울잠.
羽化 yǔhuà	우화(하다). 번데기가 날개 있는 성충이 됨. 사람의 몸에 날개가 돋아 하늘로 올라가 신선이 됨.
仙 xiān	신선.
排练 páiliàn	무대 연습(리허설)을 하다. 훈련하다.

宽容 kuānróng	관용하다. 너그럽게 받아들이다(용서하다).
恩赐 ēncì	은혜를 베풀다. 인정을(자비를) 베풀다.
反悔 fǎnhuǐ	후회하다. 번복하다.
匆促 cōngcù	바쁘다. 촉박하다. 다급하다.
眷恋 juànliàn	그리워하다. 사모하다. 미련을 두다.
冰释 bīngshì	(의혹이나 오해 따위가) 얼음 녹듯이 풀리다.
前嫌 qiánxián	과거의 개운하지 않았던 감정. 이전에 품고 있던 원한.
甘心 gānxīn	달가워하다. 기꺼이 원하다.
无挂无牵 wúguà wúqiān	아무런 근심 걱정이 없다.
亏欠 kuīqiàn	부족하다. 빚(지다).
凭何 pínghé	어떻게. 무엇으로. 무엇을 믿고.
怀缅 huáimiǎn	추억하다. 회상하다.
世面 shìmiàn	세상 물정. 세상 형편.
莫名其妙 mòmíng qímiào	아무도 그 오묘함을 설명할 수 없다.
活该 huógāi	마땅히 ~해야 한다. (~하는 것이) 마땅하다.
顽固 wángù	완강하다. 견고하다.
前言 qiányán	전에 한 말.
滴 dī	방울.[둥글게 맺힌 액체 덩이를 세는 단위]
凝固 nínggù	응고하다. 굳어지다.
善意 shànyì	선의. 호의.

残缺 cánquē	불완전하다. 모자라다. 갖추어져 있지 않다.
悬念 xuánniàn	마음에 걸리다. 걱정하다. 염려하다.
藕断丝连 ǒuduàn sīlián	연뿌리는 끊어져도 실은 이어지다. 인연을 끊기 어렵다. 끊을래야 끊을 수 없는 남녀간의 인연이 계속되다.

본문 3. 周杰伦

1979年出生于台湾，是华语流行音乐的重要代表。他的音乐融合了R&B、嘻哈、古典和中国风元素，开创了独特的‘周氏风格’。

周杰伦的作品不仅在华语地区广受欢迎，还影响了全球华人音乐圈。他的音乐创作、演唱风格和音乐制作水平**使**他成为年轻一代心目中的音乐偶像和文化符号，**对**流行文化和音乐产业**产生了**深远影响。

Yījiǔqījiǔ nián chūshēng yú Táiwān, shì huáyǔ liúxíng yīnyuè de zhòngyào dàibiǎo. Tā de yīnyuè rónghé le R&B, xīhā, gǔdiǎn hé Zhōngguófēng yuánsù, kāichuàng le dútè de ‘Zhōu shì fēnggé’.

Zhōujiélún de zuòpǐn bùjǐn zài huáyǔ dìqū guǎng shòu huānyíng, hái yǐngxiǎng le quánqiú huárén yīnyuèquān. Tā de yīnyuè chuàngzuò, yǎnchàng fēnggé hé yīnyuè zhìzuò shuǐpíng shǐ tā chéngwéi niánqīng yídài xīnmù zhōng de yīnyuè ǒuxiàng hé wénhuà fúhào, duì liúxíng wénhuà hé yīnyuè chǎnyè chǎnshēng le shēnyuǎn yǐngxiǎng.

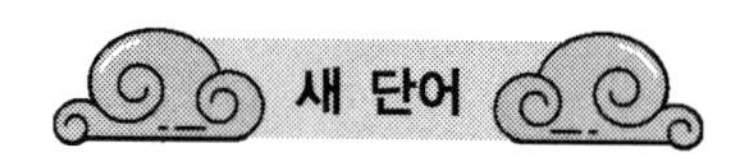

周杰伦 Zhōujiélún 주걸륜[인명(人名)].

台湾 Táiwān 대만.

嘻哈 xīhā 힙합[Hip hop].

开创 kāichuàng 창립(창업, 창설)하다.

全球 quánqiú 전 세계.

年轻一代 niánqīng yídài 젊은 세대.

心目 xīnmù 심중. 마음 속. 안중.

偶像 ǒuxiàng 우상.

文化符号 wénhuà fúhào 문화적 심벌[symbol]. 문화적 상징.

본문 4. 告白气球

塞纳河畔 左岸的咖啡
Sàinà hépàn zuǒàn de kāfēi

我手一杯 品尝你的美
Wǒ shǒu yì bēi pǐncháng nǐ de měi

留下唇印的嘴
Liúxià chúnyìn de zuǐ

花店玫瑰 名字写错谁
Huādiàn méiguī míngzì xiě cuò shéi

告白气球 风吹到对街
Gàobái qìqiú fēng chuī dào duì jiē

微笑在天上飞
Wēixiào zài tiānshàng fēi

你说你有点难追
Nǐ shuō nǐ yǒudiǎn nán zhuī

想让我知难而退
Xiǎng ràng wǒ zhīnán értuì

礼物不需挑最贵
Lǐwù bù xū tiāo zuì guì

只要香榭的落叶
Zhǐyào Xiāngxiè de luòyè

营造浪漫的约会
Yíngzào làngmàn de yuēhuì

不害怕搞砸一切
Bú hàipà gǎozá yíqiè

拥有你就拥有全世界
Yǒngyǒu nǐ jiù yǒngyǒu quánshìjiè

亲爱的爱上你从那天起
Qīn'ài de àishàng nǐ cóng nàtiān qǐ

甜蜜的很轻易
Tiánmì de hěn qīngyì

亲爱的别任性
Qīn'ài de bié rènxìng

你的眼睛在说我愿意
Nǐ de yǎnjīng zài shuō wǒ yuànyì

亲爱的爱上你
Qīn'ài de àishàng nǐ

恋爱日记飘香水的回忆
Liànài rìjì piāo xiāngshuǐ de huíyì

一整瓶的梦境 全都有你
Yì zhěng píng de mèngjìng quán dōu yǒu nǐ

搅拌在一起
Jiǎobàn zài yìqǐ

亲爱的别任性 你的眼睛
Qīn'ài de bié rènxìng nǐ de yǎnjīng

在说我愿意
Zài shuō wǒ yuànyì

새 단어

告白 gàobái	고백.
气球 qìqiú	(고무) 풍선.
塞纳 Sāinà	센[Seine].
河畔 hépàn	강변. 강가.
左岸 Zuǒàn	(파리 센강의) 좌안[la Rive Gauche].
品尝 pǐncháng	맛보다. 자세히 식별하다.
唇印 chúnyìn	입술 자국.
玫瑰 méiguī	장미.
微笑 wēixiào	미소(하다).
知难而退 zhīnán értuì	곤란한 것을 알고 물러서다. 자기의 역량을 알고 물러서다.
香榭 Xiāngxiè	샹젤리제.
落叶 luòyè	낙엽.

营造 yíngzào	조성하다.
浪漫 làngmàn	로맨틱하다. 낭만적이다.
约会 yuēhuì	만날 약속. 데이트.
搞砸 gǎozá	망치다. 망가뜨리다. 놓치다.
任性 rènxìng	제멋대로 하다. 제 마음대로 하다. 마음 내키는 대로 하다.
恋爱 liàn'ài	연애(하다).
飘 piāo	흩날리다. 날아 흩어지다.
梦境 mèngjìng	꿈속(의 세계). 꿈나라. 꿈결.
搅拌 jiǎobàn	휘저어 섞다. 반죽하다. 이기다.

본문 5. 场景(一)

A: 你喜欢听音乐吗?
Nǐ xǐhuan tīng yīnyuè ma?

B: 是的，我很喜欢听音乐。
Shì de, wǒ hěn xǐhuan tīng yīnyuè.

A: 你最喜欢的歌手是谁?
Nǐ zuì xǐhuan de gēshǒu shì shéi?

B: 我最喜欢的歌手是林宥嘉。
Wǒ zuì xǐhuan de gēshǒu shì Línyòujiā.

A: 你听过他的歌吗?
Nǐ tīng guo tā de gē ma?

B: 听过，我很喜欢他的歌，特别是《说谎》。
Tīng guo, wǒ hěn xǐhuan tā de gē, tèbié shì《Shuōhuǎng》.

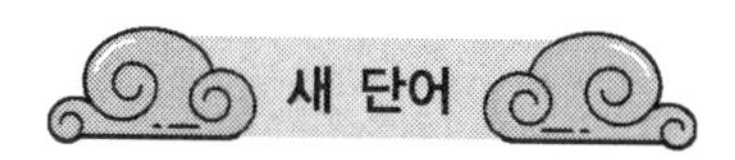

林宥嘉 Línyòujiā 임유가[인명(人名)].

说谎 shuōhuǎng 거짓말.

본문 6. 场景(二)

A: 你平时喜欢听什么类型的音乐?
Nǐ píngshí xǐhuan tīng shénme lèixíng de yīnyuè?

B: 我喜欢听流行音乐和抒情歌曲，特别是林宥嘉的歌。
Wǒ xǐhuan tīng liúxíng yīnyuè hé shūqíng gēqǔ, tèbié shì Línyòujiā de gē.

A: 你有喜欢的专辑吗?
Nǐ yǒu xǐhuan de zhuānjí ma?

B: 有啊，我特别喜欢林宥嘉的《美妙生活》专辑。
Yǒu a, wǒ tèbié xǐhuan Línyòujiā de《Měimiào Shēnghuó》zhuānjí.

A: 这个周末有林宥嘉的演唱会，你想去吗?
Zhège zhōumò yǒu Línyòujiā de yǎnchànghuì, nǐ xiǎng qù ma?

B: 真的? 我很想去。
Zhēnde? Wǒ hěn xiǎng qù.

A: 好的，我们一起去吧。
Hǎo de, wǒmen yìqǐ qù ba.

B: 太好了，期待周末!
Tài hǎo le, qīdài zhōumò!

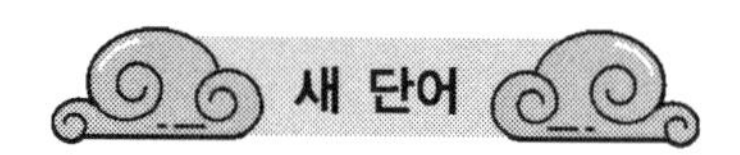

类型 lèixíng	유형.
抒情歌曲 shūqíng gēqǔ	서정가요. 발라드[ballade].
专辑 zhuānjí	앨범.
美妙 měimiào	아름답고 즐겁다. 미묘하다.
演唱会 yǎnchànghuì	음악회. 콘서트[concert].

구문 설명

1 以 yǐ ~ 闻名 wénmíng

'~으로 유명하다', '~으로 명성이 있다'라는 뜻으로, 일반적으로 어떤 분야나 특징 때문에 잘 알려져 있거나 명성이 높다는 것을 표현할 때 사용한다.

① **上海<u>以</u>现代化的城市风貌<u>闻名</u>。**
Shànghǎi yǐ xiàndàihuà de chéngshì fēngmào wénmíng.
상해는 현대적인 도시 풍경으로 유명하다.

② **这座城市<u>以</u>丰富的文化活动<u>闻名</u>。**
Zhè zuò chéngshì yǐ fēngfù de wénhuà huódòng wénmíng.
이 도시는 풍부한 문화 활동으로 유명하다.

③ **这个地区<u>以</u>贫困问题<u>闻名</u>，政府正在采取措施帮助改善。**
Zhège dìqū yǐ pínkùn wèntí wénmíng, zhèngfǔ zhèngzài cǎiqǔ cuòshī bāngzhù gǎishàn.
이 지역은 빈곤 문제로 유명하며, 정부는 이를 개선하기 위한 조치를 취하고 있다.

2 对 duì ~ 起到了 qǐdào le

'~에 대해 ~의 역할을 했다', '~에 대해 ~의 영향을 미쳤다'라는 뜻으로, 어떤 행동이나 상황이 특정 결과를 이끌어내거나 특정 역할을 하는 것을 표현할 때 사용한다.

① **这项新措施<u>对</u>改善空气质量<u>起到了</u>显著作用。**
Zhè xiàng xīn cuòshī duì gǎishàn kōngqì zhìliàng qǐdào le xiǎnzhù zuòyòng.
이 새로운 조치는 공기 질 개선에 중요한 역할을 했다.

② **这部纪录片<u>对</u>提升公众对环境保护意识<u>起到了</u>积极的作用。**
Zhè bù jìlùpiàn duì tíshēng gōngzhòng duì huánjìng bǎohù yìshí qǐdào le jījí de zuòyòng.
이 다큐멘터리는 환경 보호에 대한 대중의 인식을 높이는 데 긍정적인 역할을 했다.

③ 这项改革**对**提高教育质量**起到了**重要的推动作用。
Zhè xiàng gǎigé duì tígāo jiàoyù zhìliàng qǐdào le zhòngyào de tuīdòng zuòyòng.
이 개혁은 교육 질 향상에 중요한 추진 역할을 했다.

3 难以 nányǐ

'~하기 어렵다'라는 뜻으로, 주로 동사 앞에 위치하여 어떤 일이 일어나기 어렵거나 특정한 행동을 하기 어렵다는 것을 표현할 때 사용한다.

① 由于气候变化，许多国家正在经历**难以**忍受的极端天气。
Yóuyú qìhòu biànhuà, xǔduō guójiā zhèngzài jīnglì nányǐ rěnshòu de jíduān tiānqì.
기후 변화로 인해 많은 나라들이 견디기 어려운 극단적인 날씨를 겪고 있다.

② 在复杂的国际形势下，许多国家**难以**达成共识。
Zài fùzá de guójì xíngshì xià, xǔduō guójiā nányǐ dáchéng gòngshí.
복잡한 국제 정세 속에서 많은 나라들이 합의를 이루기 어렵다.

③ 随着人口老龄化问题的加剧，养老服务需求**难以**满足。
Suízhe rénkǒu lǎolínghuà wèntí de jiājù, yǎnglǎo fúwù xūqiú nányǐ mǎnzú.
인구 고령화 문제의 심화에 따라, 요양 서비스 수요를 충족하기 어렵다.

4 要不然 yàobùrán

'그렇지 않으면', '그렇지 않다면'이라는 뜻으로, 상황을 제시하고 그에 따른 결과나 대안을 제시할 때 사용한다.

① 你必须戴口罩，**要不然**不允许进入商场。
Nǐ bìxū dài kǒuzhào, yàobùrán bù yǔnxǔ jìnrù shāngchǎng.
마스크를 반드시 착용해야지, 그렇지 않으면 쇼핑몰에 들어갈 수 없다.

② 你需要完成作业，**<u>要不然</u>**你会被老师批评。
Nǐ xūyào wánchéng zuòyè, yàobùrán nǐ huì bèi lǎoshī pīpíng.
숙제를 다 해야지, 그렇지 않으면 선생님께 꾸중을 들을 것이다.

③ 请遵守交通规则，**<u>要不然</u>**会被罚款。
Qǐng zūnshǒu jiāotōng guīzé, yàobùrán huì bèi fákuǎn.
교통 규칙을 준수해주세요, 그렇지 않으면 벌금을 물게 될 것입니다.

5 使 shǐ

'(~에게) ~하게 하다'라는 뜻으로, 주로 주어가 목적어에게 어떤 행동을 하게 만들거나 어떤 상태에 이르게 하는 경우 또는 어떤 일이 일어나게 하거나 특정한 결과를 초래하게 하는 경우에 사용한다.

① 这项政策<u>使</u>贫困率显著下降。
Zhè xiàng zhèngcè shǐ pínkùnlǜ xiǎnzhù xiàjiàng.
이 정책이 빈곤율을 크게 감소시켰다.

② 他的才干<u>使</u>我佩服。
Tā de cáigàn shǐ wǒ pèifú.
그의 재간은 나를 탄복하게 한다.

③ 虚心使人进步，骄傲<u>使</u>人落后。
Xūxīn shǐ rén jìnbù, jiāoào shǐrén luòhòu.
겸손은 사람을 진보시키고, 교만은 사람을 낙후시킨다.

6 对 duì ~ 产生了 chǎnshēng le

'~에 대해 ~을 느끼다', '~에 대해 ~가 생기다'라는 뜻으로, 어떤 대상에 대한 감정이나 반응, 인상을 표현할 때 사용한다.

① 人们<u>对</u>环保问题<u>产生了</u>强烈的关注。
Rénmen duì huánbǎo wèntí chǎnshēng le qiángliè de guānzhù.
사람들은 환경 문제에 대해 강한 관심을 가지게 되었다.

② 读者<u>对</u>这本书的评价<u>产生了</u>很大的分歧。
Dúzhě duì zhè běn shū de píngjià chǎnshēng le hěn dà de fēnqí.
독자들은 이 책에 대한 평가에서 큰 의견 차이를 보였다.

③ 公众<u>对</u>新政策的实施<u>产生了</u>质疑。
Gōngzhòng duì xīn zhèngcè de shíshī chǎnshēng le zhìyí.
대중은 새로운 정책의 시행에 대해 의문을 제기했다.

연습문제

1. 본문의 내용에 근거하여 괄호 안에 들어갈 글자를 채우시오.

1) 1969年出生于北京，是华语流行音乐和影视界的著(　　　)人物。

2) 王菲的音乐不仅在中国大陆广受欢迎，(　　　)在港澳台及海外华人圈拥有大量粉丝。

3) 她的个人风格和音乐创新(　　　)华语流行音乐的发展起到了重要作用，成为华语音乐史上不可或缺的标志性人物。

4) 王菲对时尚和文化的影响也非常显著，被誉(　　　)'天后'。

5) 1979年出生于(　　　)湾，是华语流行音乐的重要代表。

6) 他的音乐融(　　　)了R&B、嘻哈、古典和中国风元素，开创了独特的'周氏风格'。

7) 周杰伦的作品不仅在华语地区广受欢迎，还影(　　　)了全球华人音乐圈。

8) 听过，我很喜欢他的歌，特(　　　)是《说谎》。

9) 你平时喜欢听什么类(　　　)的音乐？

10) 这个周末有林宥嘉的演(　　　)会，你想去吗？

2. 다음 문장을 중국어로 옮기시오.

1) 상해는 현대적인 도시 풍경으로 유명하다.

➜

2) 이 다큐멘터리는 환경 보호에 대한 대중의 인식을 높이는 데 긍정적인 역할을 했다.

➜

3) 복잡한 국제 정세 속에서 많은 나라들이 합의를 이루기 어렵다.

➜

4) 교통 규칙을 준수해주세요, 그렇지 않으면 벌금을 물게 될 것이다.

➜

5) 이 정책이 빈곤율을 크게 감소시켰다.

➜

3. 다음 문장을 해석하시오.

1) 她以独特的嗓音和多变的音乐风格闻名。

➡

2) 周杰伦的作品不仅在华语地区广受欢迎，还影响了全球华人音乐圈。

➡

3) 我特别喜欢林宥嘉的《美妙生活》专辑。

➡

4) 他的才干使我佩服。

➡

5) 人们对环保问题产生了强烈的关注。

➡

动画片

본문 1. 情况介绍

中国的动画起步于20世纪初。早期，中国的动画作品受到西方动画的影响，主要以模仿和学习为主。

1926年，中国制作了第一部动画短片《大闹画室》。1941年，中国成立了第一个动画制片厂 — 上海美术电影制片厂，标志着中国动画工业化的开始。

1956年，中国发布了第一部全长动画电影《铁扇公主》。此后，中国的动画产业经历了多次发展和转型，逐渐形成了自己独特的风格和特色。

Zhōngguó de dònghuà qǐbù yú èrshí shìjì chū. Zǎoqī, Zhōngguó de dònghuà zuòpǐn shòudào xīfāng dònghuà de yǐngxiǎng, zhǔyào yǐ mófǎng hé xuéxí wéizhǔ.

Yījiǔèrliù nián, Zhōngguó zhìzuò le dì yī bù dònghuà duǎnpiàn《Dànào huàshì》. Yījiǔsìyī nián, Zhōngguó chénglì le dì yī gè dònghuà zhìpiànchǎng — Shànghǎi měishù diànyǐng zhìpiànchǎng, biāozhì zhe Zhōngguó dònghuà gōngyèhuà de kāishǐ.

Yījiǔwǔliù nián, Zhōngguó fābù le dì yī bù quáncháng dònghuà diànyǐng《Tiěshàn gōngzhǔ》. Cǐhòu, Zhōngguó de dònghuà chǎnyè jīnglì le duōcì fāzhǎn hé zhuǎnxíng, zhújiàn xíngchéng le zìjǐ dútè de fēnggé hé tèsè.

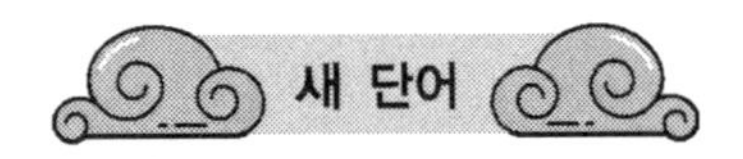

动画(片) dònghuà(piàn) 애니메이션(Animation).

起步 qǐbù 앞으로 나아가다. 착수하다.

模仿 mófǎng 모방하다. 본받다. 흉내내다.

大闹画室 Dànào huàshì	화실 대소동.
制片厂 zhìpiànchǎng	영화 제작소.
发布 fābù	선포하다.
全长 quáncháng	전장. 전체 길이.
铁扇公主 Tiěshàn gōngzhǔ	철선공주.
转型 zhuǎnxíng	전환. 변형.
逐渐 zhújiàn	점차. 차츰차츰. 점점.

본문 2. 大闹画室(1926)

中国第一部独创动画片。影片表现一个画家正在画室作画，突然，画家画出的一个身着中式服装的小人儿从画板上跳下来。他淘气而滑稽，给画家添了不少麻烦。最后，经过一番追逐打斗，小人儿被赶回了画中。

Zhōngguó dì yī bù dúchuàng dònghuàpiàn. Yǐngpiān biǎoxiàn yí gè huàjiā zhèngzài huàshì zuòhuà, tūrán, huàjiā huà chū de yí gè shēn zhe zhōngshì fúzhuāng de xiǎorénr cóng huàbǎn shàng tiàoxiàlái. Tā táoqì ér huájī, gěi huàjiā tiān le bùshǎo máfán. Zuìhòu, jīngguò yì fān zhuīzhú dǎdòu, xiǎorénr bèi gǎnhuí le huà zhōng.

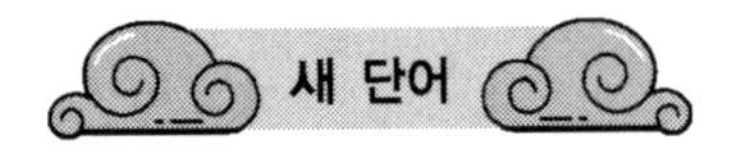

独创 dúchuàng — 독창(적으로 일을 하다).

影片 yǐngpiàn — 영화. 영화 필름.

小人儿 xiǎorénr — (전설이나 동화에 나오는) 난쟁이. 소인.

画板 huàbǎn — 화판.

淘气 táoqì — 장난이 심하다.

滑稽 huájī — 익살맞다. 익살스럽다.

添 tiān — 보태다. 더하다. 덧붙이다.

番 fān	종류. 가지. 종. 번. 차례. 바탕.
追逐 zhuīzhú	서로 세력을 다투다. 쫓고 쫓기며 하다.
打斗 dǎdòu	싸움하다. 다투다.
赶回 gǎnhuí	쫓아 보내다. 물리치다.

본문 3. 铁扇公主(1941)

唐僧师徒四人去西天取经，在火焰山受到烈火阻拦，不能前行。孙悟空、猪八戒到翠屏山芭蕉洞找牛魔王之妻铁扇公主借灭火的芭蕉扇，铁扇公主<u>不肯</u>借予。

孙悟空通过变只小虫钻进铁扇公主腹内大闹骗得假扇后，又<u>化作</u>牛魔王的模样从铁扇公主手中骗到真扇；牛魔王得知后，又化作猪八戒的模样从孙悟空手中骗回扇子。

孙悟空和八戒与公主和牛魔王经过几个回合的斗法，终得宝扇，扇灭火焰山的烈火，登上取经的路程。

Tángsēng shītú sìrén qù Xītiān qǔjīng, zài huǒyànshān shòudào lièhuǒ zǔlán, bùnéng qiánxíng. Sūnwùkōng, Zhūbājiè dào Cuìpíngshān Bājiāodòng zhǎo Niúmówáng zhī qī Tiěshàn gōngzhǔ jiè mièhuǒ de bājiāoshàn, Tiěshàn gōngzhǔ bùkěn jièyǔ.

Sūnwùkōng tōngguò biàn zhī xiǎochóng zuānjìn Tiěshàn gōngzhǔ fù nèi dà nào piàn de jiǎshàn hòu, yòu huàzuò Niúmówáng de múyàng cóng Tiěshàn gōngzhǔ shǒuzhōng piàn dào zhēn shàn; Niúmówáng dézhī hòu, yòu huàzuò Zhūbājiè de múyàng cóng Sūnwùkōng shǒuzhōng piànhuí shànzi.

Sūnwùkōng hé Bājiè yǔ Gōngzhǔ hé Niúmówáng jīngguò jǐ gè huíhé de dòufǎ, zhōng dé bǎoshàn, shàn miè huǒyànshān de lièhuǒ, dēngshàng qǔjīng de lùchéng.

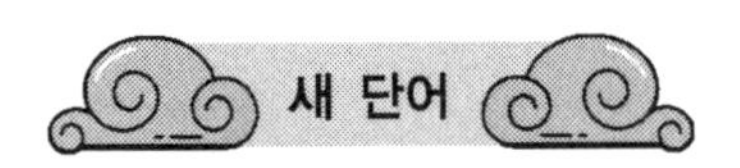

唐僧 Tángsēng　　현장[玄奘]의 속칭.

师徒 shītú　　사제. 스승과 제자.

西天 Xītiān 인도의 다른 이름.

取经 qǔjīng 불교도가 인도에 가서 불경을 구해오다.

火焰山 huǒyànshān 화염산.

烈火 lièhuǒ 맹렬한 불. 사나운 불길.

阻拦 zǔlán 저지(하다). 억제(하다). 방해(하다). 제지(하다).

孙悟空 Sūnwùkōng 손오공.

猪八戒 Zhūbājiè 저팔계.

翠屏山 Cuìpíngshān 취병산.

芭蕉洞 Bājiāodòng 파초동.

牛魔王 Niúmówáng 우마왕.

灭火 mièhuǒ 불을 끄다.

扇 shàn 부채.

借予 jièyǔ 빌려 주다.

小虫 xiǎochóng 작은 벌레.

钻进 zuānjìn 뚫고(파고) 들어가다.

腹 fù 배.

骗 piàn 속이다. 기만하다.

化作 huàzuò ~이 되다.

模样 múyàng 모양. 형상. 모습.

回合 huíhé (경기·전투·논쟁·담판의) 횟수.

斗法 dòufǎ 도술을 부려 싸우다. 계책으로 싸우다. 투쟁 방법.

본문 4. 乌鸦为什么是黑的(1956)

很久以前，有一只非常美丽的飞鸟，她拥有漂亮的羽毛和悦耳的歌喉，其他的鸟类都很羡慕她。秋天即至，鸟儿们都忙着造巢筑窝、储备食物准备过冬，唯独她什么也不屑于做，只在林中闲逛。

冬季来临，大雪纷飞，鸟儿们都躲到温暖的巢里，只有这只美丽的飞鸟无窝可去、无食可吃，冻得发抖。后来，她发现了一堆篝火，便飞至篝火旁边取暖。**正当**她得意之**时**，身子却着了火，**虽然**她将身上的火扑灭，**但**她的羽毛却被火烧焦变成了黑色，嗓子也变得沙哑难听。

Hěnjiǔ yǐqián, yǒu yì zhī fēicháng měilì de fēiniǎo, tā yōngyǒu piàoliang de yǔmáo hé yuè'ěr de gēhóu, qítā de niǎolèi dōu hěn xiànmù tā. Qiūtiān jí zhì, niǎo'érmen dōu máng zhe zào cháo zhù wō, chǔbèi shíwù zhǔnbèi guòdōng, wéidú tā shénme yě búxiè yú zuò, zhǐ zài línzhōng xiánguàng.

Dōngjì láilín, dàxuě fēnfēi, niǎo'érmen dōu duǒ dào wēnnuǎn de cháolǐ, zhǐyǒu zhè zhī měilì de fēiniǎo wú wō kě qù, wú shí kě chī, dòng de fādǒu. Hòulái tā fāxiàn le yì duī gōuhuǒ, biàn fēi zhì gōuhuǒ pángbiān qǔnuǎn. Zhèngdāng tā déyì zhī shí, shēnzi què zháo le huǒ, suīrán tā jiāng shēnshàng de huǒ pūmiè, dàn tā de yǔmáo què bèi huǒ shāojiāo biànchéng le hēisè, sǎngzi yě biàn de shāyǎ nántīng.

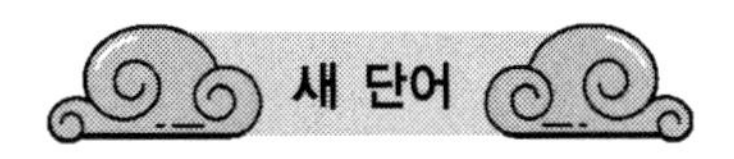

乌鸦 wūyā　까마귀.

悦耳 yuè'ěr　듣기 좋다.

歌喉 gēhóu	목소리. 목청.
羡慕 xiànmù	부러워하다.
巢窝 cháowō	둥지.
储备 chǔbèi	(물자를) 비축하다. 저장하다.
唯独 wéidú	유독. 단지.
不屑于 búxiè yú	~할 가치가 없다(고 생각하다). 하찮게 여기다.
闲逛 xiánguàng	할 일 없이 돌아다니다. 빈둥빈둥 돌아다니다.
纷飞 fēnfēi	(눈·꽃 따위가) 흩날리다.
躲 duǒ	숨다. 피하다.
发抖 fādǒu	(벌벌·덜덜) 떨다.
堆 duī	쌓이다.
篝火 gōuhuǒ	모닥불.
取暖 qǔnuǎn	온기를 받다. 따뜻하게 하다.
正当 zhèngdāng	마침 ~(어떤 시기나 단계)에 즈음하다(처하다).
扑灭 pūmiè	끄다. 진화되다.
烧焦 shāojiāo	그슬리다. 타서 눋다.
沙哑 shāyǎ	목이 잠기다(쉬다).

본문 5. 场景

A: 你最近有没有看《鬼灭之刃》?
Nǐ zuìjìn yǒu méiyǒu kàn《Guǐmiè zhī rèn》?

B: 当然看了！这部动画真的很棒，剧情紧凑，画风也很漂亮。
Dāngrán kàn le! Zhè bù dònghuà zhēn de hěn bàng, jùqíng jǐncòu, huàfēng yě hěn piàoliang.

A: 对，我也很喜欢炭治郎这个角色。他的坚持和努力真的很感人。
Duì, wǒ yě hěn xǐhuan Tànzhìláng zhège juésè. Tā de jiānchí hé nǔlì zhēn de hěn gǎnrén.

B: 你觉得这部动画的音乐怎么样?
Nǐ juéde zhè bù dònghuà de yīnyuè zěnmeyàng?

A: 我觉得音乐非常适合剧情，尤其是片头曲，每次听都会让人激动。
Wǒ juéde yīnyuè fēicháng shìhé jùqíng, yóuqí shì piàntóu qǔ, měi cì tīng dōu huì ràng rén jīdòng.

B: 确实如此！你对下季有什么期待?
Quèshí rúcǐ! Nǐ duì xiàjì yǒu shénme qīdài?

A: 我希望能看到更多炭治郎的成长故事，还有其他角色的发展。
Wǒ xīwàng néng kàndao gèng duō Tànzhìláng de chéngzhǎng gùshì, hái yǒu qítā juésè de fāzhǎn.

B: 我也是！希望制作团队能继续保持高质量。
Wǒ yě shì! Xīwàng zhìzuò tuánduì néng jìxù bǎochí gāo zhìliàng.

鬼灭之刃 Guǐmiè zhī rèn	귀멸의 칼날
棒 bàng	뛰어나다. 훌륭하다. 좋다.
剧情 jùqíng	줄거리. 스토리.
紧凑 jǐncòu	치밀하다. 잘 짜이다. 빈틈없다.
炭治郎 Tànzhìláng	탄지로[일본 만화 '귀멸의 칼날'에 나오는 주인공].
角色 juésè	캐릭터[character]. 배역. 역할.
坚持 jiānchí	끝까지 버티다. 고수하다. 지속하다.
适合 shìhé	적합(부합)하다. 알맞다.
片头曲 piàntóu qǔ	(애니메이션의) 오프닝송.
激动 jīdòng	불러일으키다. 끓어오르게 하다. 감동시키다.
制作团队 zhìzuò tuánduì	제작진.

구문 설명

1 不肯 bùkěn

'기꺼이 ~하지 않다', '원하지 않다'라는 뜻으로, 어떤 일을 거절하거나 원하지 않음을 나타낼 때 사용한다.

① **尽管政府呼吁减少塑料使用，很多商家<u>不肯</u>改变。**
Jǐnguǎn zhèngfǔ hūyù jiǎnshǎo sùliào shǐyòng, hěn duō shāngjiā bùkěn gǎibiàn.
정부가 플라스틱 사용을 줄일 것을 촉구했지만, 많은 상인들이 변화를 원하지 않는다.

② **虽然教育部门推动新的考试制度，许多家长<u>不肯</u>接受。**
Suīrán jiàoyù bùmén tuīdòng xīn de kǎoshì zhìdù, xǔduō jiāzhǎng bùkěn jiēshòu.
교육부가 새로운 시험 제도를 추진했지만, 많은 부모들이 이를 받아들이려 하지 않는다.

③ **虽然政府提倡缩短工作时间，许多公司<u>不肯</u>实施。**
Suīrán zhèngfǔ tíchàng suōduǎn gōngzuò shíjiān, xǔduō gōngsī bùkěn shíshī.
정부가 근로 시간 단축을 권장했지만, 많은 회사들이 이를 시행하려 하지 않는다.

2 化作 huàzuò

'변화하여 ~이 되다', '변화시켜 ~으로 만들다'라는 뜻으로, 'A化作B'로 쓰인다. 이때 A는 변화하기 전의 상태나 사물, B는 변화된 후의 상태나 사물을 나타낸다.

① **全球变暖正在将冰川<u>化作</u>海洋。**
Quánqiú biànnuǎn zhèngzài jiāng bīngchuān huàzuò hǎiyáng.
지구 온난화가 얼음을 바다로 변화시키고 있다.

② 这些传统节日的习俗正在**化作**现代社会的一部分。
Zhè xiē chuántǒng jiérì de xísú zhèngzài huàzuò xiàndài shèhuì de yíbùfēn.
이러한 전통명절의 풍습들이 현대 사회의 일부분으로 변해가고 있다.

③ 那场大雨把田野**化作**了一片汪洋。
Nà chǎng dàyǔ bǎ tiányě huàzuò le yí piàn wāngyáng.
그 큰 비는 논밭을 큰 바다로 변하게 했다.

3 正当 Zhèngdāng ~ 时 shí

'마침 ~할 때', '바로 ~하는 순간에'라는 뜻으로, 어떤 일이 발생한 순간이나 상황을 강조할 때 사용한다.

① **正当**教育部发布新政策**时**，许多家长和学生在抗议。
Zhèngdāng jiàoyùbù fābù xīn zhèngcè shí, xǔduō jiāzhǎng hé xuéshēng zài kàngyì.
마침 교육부가 새로운 정책을 발표할 때, 많은 학부모와 학생들이 시위하고 있다.

② **正当**环保组织举行游行**时**，城市空气质量突然恶化。
Zhèngdāng huánbǎo zǔzhī jǔxíng yóuxíng shí, chéngshì kōngqì zhìliàng tūrán èhuà.
마침 환경단체가 행진을 할 때, 도시의 공기 질이 갑자기 악화되었다.

③ **正当**工人们争取加薪**时**，公司宣布冻结工资。
Zhèngdāng gōngrénmen zhēngqǔ jiāxīn shí, gōngsī xuānbù dòngjié gōngzī.
마침 노동자들이 임금 인상을 요구할 때, 회사가 임금 동결을 발표했다.

4 虽然 Suīrán ~ 但 dàn

'비록 ~일지라도 ~하다', '비록 ~하지만 ~하다'라는 뜻으로, 어떤 사실을 인정하면서도 그와 상반되는 결과나 상황을 강조할 때 사용한다.

① **虽然**天气很冷，**但**他还是每天早起跑步。
Suīrán tiānqì hěn lěng, dàn tā háishi měitiān zǎoqǐ pǎobù.
비록 날씨가 춥지만, 그는 여전히 매일 아침 일찍 일어나서 달리기를 한다.

② **虽然**教育部进行了多次改革，**但**学生们的学习压力依然很大。

Suīrán jiàoyùbù jìnxíng le duōcì gǎigé, dàn xuéshēngmen de xuéxí yālì yīrán hěn dà.
비록 교육부가 여러 차례 개혁을 했지만, 학생들의 학업 스트레스는 여전히 크다.

③ **虽然**经济有所回升，**但**许多小企业仍然面临困难。

Suīrán jīngjì yǒusuǒ huíshēng, dàn xǔduō xiǎoqǐyè réngrán miànlín kùnnán.
비록 경제가 어느 정도 회복되었지만, 많은 소규모 기업들은 여전히 어려움에 직면해 있다.

연습문제

1. 본문의 내용에 근거하여 괄호 안에 들어갈 글자를 채우시오.

1) 中国发布了第一(　　　)全长动画电影《铁扇公主》。

2) 画家画出的一个身着中式服(　　　)的小人儿从画板上跳下来。

3) 最后，经过一(　　　)追逐打斗，小人儿被赶回了画中。

4) 唐僧师徒四人去西天取经，在火焰山(　　　)到烈火阻拦，不能前行。

5) 很久以前，有一(　　　)非常美丽的飞鸟，她拥有漂亮的羽毛和悦耳的歌喉，其他的鸟类都很羡慕她。

6) 冬季来(　　　)，大雪纷飞，鸟儿们都躲到温暖的巢里，只有这只美丽的飞鸟无窝可去、无食可吃，冻得发抖。

7) 她发现了一(　　　)篝火，便飞至篝火旁边取暖。正当她得意之时，身子却着了火。

8) 这部动画真的很棒，剧(　　　)紧凑，画风也很漂亮。

9) 我觉得音乐非常适(　　　)剧情，尤其是片头曲，每次听都会让人激动。

10) 你对下季有什么期(　　　)？

2. 다음 문장을 중국어로 옮기시오.

1) 중국의 애니메이션은 20세기 초에 시작되었다.

➡

2) 중국의 애니메이션 산업은 여러 차례의 발전과 변화를 겪었다.

➡

3) 그는 장난스럽고 익살스러워 화가에게 여러 말썽을 일으켰다.

➡

4) 정말 그래!

➡

5) 지구 온난화가 얼음을 바다로 변화시키고 있다.

➡

3. 다음 문장을 해석하시오.

1) 早期，中国的动画作品受到西方动画的影响，主要以模仿和学习为主。

➡

2) 虽然教育部门推动新的考试制度，许多家长不肯接受。

➡

3) 这些传统节日的习俗正在化作现代社会的一部分。

➡

4) 正当工人们争取加薪时，公司宣布冻结工资。

➡

5) 虽然天气很冷，但他还是每天早起跑步。

➡

MEMO

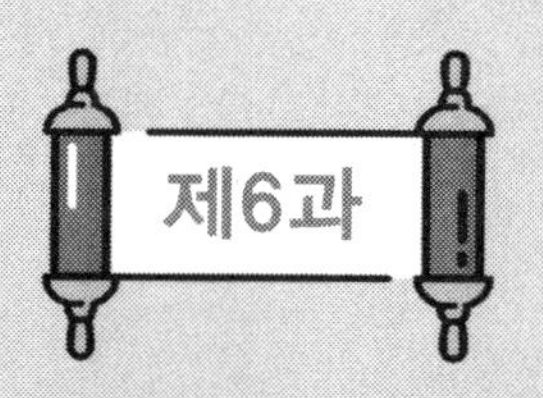

网漫

본문 1. 情况介绍

网漫(网络漫画)是指通过互联网发布和传播的漫画作品。在中国，网漫逐渐受到越来越多年轻人的喜爱。<u>与</u>传统纸质漫画<u>相比</u>，网漫通常更新更快，题材也更加多样化，涵盖了<u>从</u>青春校园<u>到</u>奇幻冒险等各种类型。此外，网漫还常常结合了中国特有的文化元素和现代网络文化，使其在年轻人中产生了强烈的共鸣。

著名的网漫平台如'腾讯动漫'、'哔哩哔哩漫画'和'有妖气'等，都为创作者和读者提供了互动交流的机会，推动了网漫产业的发展。

Wǎngmàn(wǎngluò mànhuà) shì zhǐ tōngguò hùliánwǎng fābù hé chuánbō de mànhuà zuòpǐn. Zài Zhōngguó, wǎngmàn zhújiàn shòudào yuè lái yuè duō niánqīngrén de xǐ'ài. Yǔ chuántǒng zhǐzhì mànhuà xiāngbǐ, wǎngmàn tōngcháng gèng xīn gèng kuài, tícái yě gèngjiā duōyànghuà, hángài le cóng qīngchūn xiàoyuán dào qíhuàn màoxiǎn děng gèzhǒng lèixíng. Cǐwài, wǎngmàn hái chángcháng jiéhé le Zhōngguó tèyǒu de wénhuà yuánsù hé xiàndài wǎngluò wénhuà, shǐ qí zài niánqīngrén zhōng chǎnshēng le qiángliè de gòngmíng.
Zhùmíng de wǎngmàn píngtái rú 'Téngxùn dòngmàn', 'Bīlī bīlī mànhuà' hé 'Yǒu yāoqì' děng, dōu wèi chuàngzuòzhě hé dúzhě tígōng le hùdòng jiāoliú de jīhuì, tuīdòng le wǎngmàn chǎnyè de fāzhǎn.

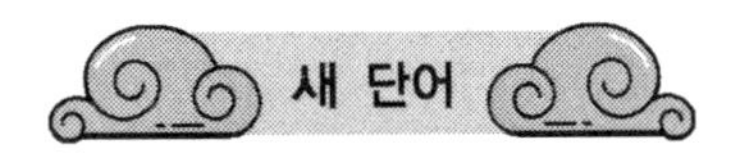

网漫(网络漫画) wǎngmàn(wǎngluò mànhuà) 웹툰[Webtoon].

互联网 hùliánwǎng 인터넷.

传播 chuánbō 널리 퍼뜨리다. 전파하다.

纸质 zhǐzhì 종이[paper].

题材 tícái 제재.

涵盖 hángài 포괄하다. 포함하다. 포용하다.

奇幻 qíhuàn 기묘하다. 진기하다. 판타지.

冒险 màoxiǎn 모험하다. 위험을 무릅쓰다.

共鸣 gòngmíng 공명(하다). 공감(하다).

平台 píngtái 플랫폼[platform].

腾讯 Téngxùn 텐센트[Tencent].

哔哩哔哩 Bīlī bīlī 빌리빌리[Bilibili].

有妖气 Yǒu yāoqì 유요기[U17 Entertainment].

互动 hùdòng 서로 영향을 주다.

推动 tuīdòng 밀고 나아가다. 추진하다.

본문 2. 妖神记

《妖神记》是中国的一部网络漫画，内容充满了幻想和冒险。故事讲述了一个名叫聂离的少年被妖怪攻击而死，但他回到过去重生，凭借未来的知识来锤炼自己和朋友，最终再次成为最强者。

《Yāoshénjì》 shì Zhōngguó de yí bù wǎngluò mànhuà, nèiróng chōngmǎn le huànxiǎng hé màoxiǎn. Gùshì jiǎngshù le yí gè míng jiào Nièlí de shàonián bèi yāoguài gōngjí ér sǐ, dàn tā huídào guòqù chóngshēng, píngjiè wèilái de zhīshi lái chuíliàn zìjǐ hé péngyou, zuìzhōng zàicì chéngwéi zuìqiángzhě.

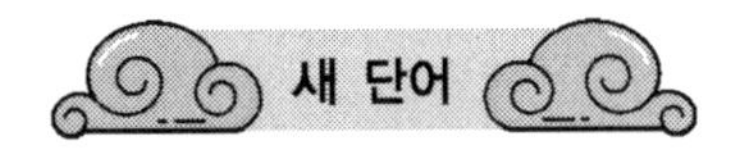

妖神记 Yāoshénjì	요신기.
充满 chōngmǎn	가득차다. 가득 채우다. 충만하다. 넘치다.
讲述 jiǎngshù	진술하다. 서술하다.
聂离 Nièlí	섭리[인명(人名)].
妖怪 yāoguài	요괴.
攻击 gōngjí	공격(하다). 비난(하다).
重生 chóngshēng	거듭 나다. 재생하다. 중생하다.
凭借 píngjiè	~에 의(지)하다. ~를 통하다. ~을 기반으로 하다.
锤炼 chuíliàn	단련하다. 연마하다.
最强者 zuìqiángzhě	최강자.

본문 3. 整容游戏

故事主要讲述了一个名叫易蓉的女性编辑，由于自己的容貌遭到歧视，生活一直不如意。但是，在她下载了一个名为《整容游戏》的APP之后，她的生活发生了翻天覆地的变化。这个APP可以<u>将</u>人的容貌改变成PS后的模样，但是要想维持这个新的容貌，必须完成一些泯灭人性的任务。

如果放弃任务，将<u>面临</u>更为严重的代价。易蓉在这条不归路上，面临着种种困境和抉择。整个故事充满了悬疑和紧张感，引人入胜。

Gùshì zhǔyào jiǎngshù le yí gè míng jiào Yìróng de nǚxìng biānjí, yóuyú zìjǐ de róngmào zāodào qíshì, shēnghuó yìzhí bù rúyì. Dànshì, zài tā xiàzài le yí gè míng wéi《Zhěngróng Yóuxì》de APP zhīhòu, tā de shēnghuó fāshēng le fāntiān fùdì de biànhuà. Zhège APP kěyǐ jiāng rén de róngmào gǎibiàn chéng PS hòu de múyàng, dànshì yào xiǎng wéichí zhège xīn de róngmào, bìxū wánchéng yìxiē mǐnmiè rénxìng de rènwù.

Rúguǒ fàngqì rènwù, jiāng miànlín gèng wéi yánzhòng de dàijià. Yì Róng zài zhè tiáo bùguī lù shàng, miànlín zhe zhǒngzhǒng kùnjìng hé juézé. Zhěng gè gùshì chōngmǎn le xuányí hé jǐnzhānggǎn, yǐnrén rùshèng.

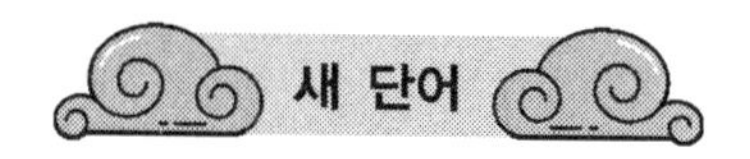

整容 zhěngróng — 성형.

游戏 yóuxì — 게임. 놀이.

易蓉 Yìróng — 이용[인명(人名)].

编辑 biānjí — 편집. 편찬.

容貌 róngmào	용모. 모습. 생김새.
遭到 zāodào	만나다. 당하다. 입다. 부닥치다.
歧视 qíshì	경시. 차별 대우.
如意 rúyì	뜻대로 되다. 마음에 들다.
翻天覆地 fāntiān fùdì	하늘과 땅이 뒤집히다. 커다란 변화가 일어나다.
模样 múyàng	모양. 형상. 모습.
泯灭 mǐnmiè	사라지다. 소멸하다.
放弃 fàngqì	버리다. 포기하다.
面临 miànlín	직면하다. 당면하다. 앞에 놓여 있다.
代价 dàijià	대가.
困境 kùnjìng	곤경. 궁지.
抉择 juézé	선택(하다). 채택(하다).
悬疑 xuányí	의문. 미스터리[mystery].
入胜 rùshèng	마음이 사로잡혀 넋을 잃다. 황홀한 경지에 들다.

본문 4. 快把我哥带走

《快把我哥带走》是根据漫画家幽·灵的人气连载作品改编的动漫，每集只有短短的几分钟，但是评分高达8.9，<u>属于</u>一部搞笑、日常、青春的动漫。剧情轻松风趣，低调触摸笑点，本漫画描写了霸道妹妹时秒和二货哥哥时分，<u>以及</u>'甄开心'，'万岁'，'妙妙'等同学间的各种怪咖故事。

《Kuài bǎ wǒ gē dài zǒu》 shì gēnjù mànhuàjiā Yōu·Líng de rénqì liánzài zuòpǐn gǎibiān de dòngmàn, měi jí zhǐyǒu duǎnduǎn de jǐ fēnzhōng, dànshì píngfēn gāodá bā diǎn jiǔ, shǔyú yí bù gǎoxiào, rìcháng, qīngchūn de dòngmàn. Jùqíng qīngsōng fēngqù, dīdiào chùmō xiàodiǎn, běn mànhuà miáoxiě le bàdào mèimei ShíMiǎo hé èrhuò gēge ShíFēn, yǐjí 'Zhēn Kāixīn', 'Wànsuì', 'Miàomiào' děng tóngxué jiān de gèzhǒng guàikā gùshì.

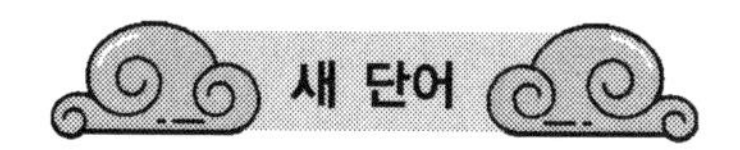

幽·灵 Yōu·Líng	유·령[인명(人名)].
连载 liánzài	연재(하다).
改编 gǎibiān	각색하다.
评分 píngfēn	평점. 점수.
高达 gāodá	~에 달하다. ~에 이르다.
属于 shǔyú	(~의 범위)에 속하다. ~에 소속되다.

搞笑 gǎoxiào	(우스개 소리 따위로) 웃기다.
轻松 qīngsōng	홀가분하다. 가뿐하다.
风趣 fēngqù	재미. 해학. 유머.
低调 dīdiào	저조하다. 무기력하다.
触摸 chùmō	접촉하다. 닿다.
霸道 bàdào	패도. 횡포하다. 포악하다.
时秒 ShíMiǎo	시묘[인명(人名)].
二货 èrhuò	바보같이 귀여운 사람을 얕잡아 이르는 말. 멍청하다.
时分 ShíFēn	시분[인명(人名)].
甄开心 Zhēn Kāixīn	견개심[인명(人名)].
万岁 Wànsuì	만세[인명(人名)].
妙妙 Miàomiào	묘묘[인명(人名)].
怪咖 guàikā	별종. 성격이 특이하거나 사차원의 행동을 하는 사람.

본문 5. 场景

A: 你觉得《黑白无常》的画风怎么样?
Nǐ juéde《Hēibái wúcháng》de huàfēng zěnmeyàng?

B: 我觉得非常独特，特别是那种黑白对比的效果。
Wǒ juéde fēicháng dútè, tèbié shì nà zhǒng hēibái duìbǐ de xiàoguǒ.

A: 对，我也觉得很有创意。你最喜欢的角色是谁?
Duì, wǒ yě juéde hěn yǒu chuàngyì. Nǐ zuì xǐhuan de juésè shì shéi?

B: 我最喜欢的是主角，因为他的设计很酷，而且故事很吸引人。
Wǒ zuì xǐhuan de shì zhǔjué, yīnwèi tā de shèjì hěn kù, érqiě gùshì hěn xīyǐn rén.

A: 我喜欢反派角色，他们的设计很细致，感觉很有层次。
Wǒ xǐhuan fǎnpài juésè, tāmen de shèjì hěn xìzhì, gǎnjué hěn yǒu céngcì.

B: 确实如此。你有没有注意到他们使用了很多传统元素?
Quèshí rúcǐ. Nǐ yǒu méiyǒu zhùyì dào tāmen shǐyòng le hěn duō chuántǒng yuánsù?

A: 对，特别是在服饰和背景上。这个细节真的很棒。
Duì, tèbié shì zài fúshì hé bèijǐng shàng. Zhège xìjié zhēn de hěn bàng.

B: 是的，这也让整部漫画更有文化气息。
Shì de, zhè yě ràng zhěngbù mànhuà gèng yǒu wénhuà qìxī.
你有看到最新一集吗?
Nǐ yǒu kàndao zuìxīn yì jí ma?

A: 还没呢，我打算今晚看看。你觉得如何?
Hái méi ne, wǒ dǎsuàn jīnwǎn kànkan. Nǐ juéde rúhé?

B: 我觉得很精彩，绝对值得一看!
Wǒ juéde hěn jīngcǎi, juéduì zhíde yí kàn!

새 단어

无常 wúcháng	무상하다. 수시로 변하다.
对比 duìbǐ	대비. 대조.
效果 xiàoguǒ	효과.
创意 chuàngyì	새로운 의견. 새로운 고안. 창의.
酷 kù	잔혹하다. 포학하다. 매우. (내용이나 디자인 등이) 훌륭하다. 멋지다.[영어 속어(俗語) 'cool'의 음역자]
反派 fǎnpài	악역. 부정적 인물.
细致 xìzhì	섬세하다. 세밀하다.
层次 céngcì	등차. 등급.
气息 qìxī	숨결. 기운. 기백. 정신.

구문 설명

1 与 ~ 相比 yǔ~xiāngbǐ

'~와 비교해서', '~와 비교하여'라는 뜻으로, 두 가지 대상이나 상황을 비교할 때 사용한다.

① **与**传统媒体**相比**，社交媒体在传播信息方面的速度更快。
Yǔ chuántǒng méitǐ xiāngbǐ, shèjiāo méitǐ zài chuánbō xìnxī fāngmiàn de sùdù gèng kuài.
전통 미디어와 비교해서, 소셜 미디어는 정보 전파 속도가 더 빠르다.

② **与**过去**相比**，现代人对环境保护的意识更强了。
Yǔ guòqù xiāngbǐ, xiàndàirén duì huánjìng bǎohù de yìshí gèng qiáng le.
과거와 비교해서, 현대인은 환경 보호에 대한 인식이 더 강해졌다.

③ **与**以往**相比**，疫情后的全球经济恢复速度显著放缓。
Yǔ yǐwǎng xiāngbǐ, yìqíng hòu de quánqiú jīngjì huīfù sùdù xiǎnzhù fànghuǎn.
과거와 비교해서, 팬데믹 이후의 세계 경제 회복 속도가 현저히 느려졌다.

2 从~ 到~ cóng~ dào~

'~에서 ~까지'라는 뜻으로, 어떤 일이 일어나는 시간이나 장소의 범위를 나타낼 때 사용한다.

① **从**去年**到**今年，全球气候变化的问题变得更加严重。
Cóng qùnián dào jīnnián, quánqiú qìhòu biànhuà de wèntí biàn de gèng jiā yánzhòng.
작년부터 올해까지, 전 세계의 기후 변화 문제가 더욱 심각해졌다.

② **从**教育**到**医疗，政府都在不断增加投资。
Cóng jiàoyù dào yīliáo, zhèngfǔ dōu zài búduàn zēngjiā tóuzī.
교육에서 의료까지, 정부는 계속해서 투자를 늘리고 있다.

③ **从**纸质书**到**电子书，阅读的方式发生了很大变化。
Cóng zhǐzhìshū dào diànzǐshū, yuèdú de fāngshì fāshēng le hěn dà biànhuà.
종이책에서 전자책까지, 독서 방식이 크게 변화했다.

3 将 jiāng

'~할 예정이다', '~할 것이다', '~을/를 ~로 만들다'라는 뜻으로, 동작의 미래 시점이나 변화를 나타낼 때 사용한다.

① 政府**将**增加对绿色能源的投资。
Zhèngfǔ jiāng zēngjiā duì lǜsè néngyuán de tóuzī.
정부는 녹색 에너지에 대한 투자를 늘릴 예정이다.

② 新政策**将**减少垃圾产生。
Xīn zhèngcè jiāng jiǎnshǎo lājī chǎnshēng.
새로운 정책은 쓰레기 발생을 줄일 예정이다.

③ 教育改革**将**关注学生心理健康。
Jiàoyù gǎigé jiāng guānzhù xuésheng xīnlǐ jiànkāng.
교육 개혁은 학생의 정신 건강에 주목할 예정이다.

4 面临 miànlín

'직면하다', '마주하다'라는 뜻으로, 어떤 상황이나 문제에 부딪히거나 직면함을 나타낸다.

① 中国**面临**经济增长放缓的挑战。
Zhōngguó miànlín jīngjì zēngzhǎng fànghuǎn de tiǎozhàn.
중국은 경제 성장 둔화의 도전에 직면해 있다.

② 韩国<u>面临</u>人口老龄化的严峻挑战。
Hánguó miànlín rénkǒu lǎolínghuà de yánjùn tiǎozhàn.
한국은 인구 고령화의 심각한 도전에 직면해 있다.

③ 中国制造业<u>面临</u>向高科技产业转型的压力。
Zhōngguó zhìzàoyè miànlín xiàng gāokējì chǎnyè zhuǎnxíng de yālì.
중국 제조업은 첨단 기술 산업으로 전환해야 하는 압력에 직면해 있다.

5 属于 shǔyú

'속하다', '소속되다'라는 뜻으로, 어떤 것이 특정 범주나 집단, 장소에 속함을 나타낸다.

① 这项技术<u>属于</u>人工智能领域。
Zhè xiàng jìshù shǔyú réngōng zhìnéng lǐngyù.
이 기술은 인공지능 분야에 속한다.

② 这场抗议活动<u>属于</u>反对气候变化的运动。
Zhè chǎng kàngyì huódòng shǔyú fǎnduì qìhòu biànhuà de yùndòng.
이 시위는 기후 변화 반대 운동에 속한다.

③ 这个讨论<u>属于</u>关于社会不平等的问题。
Zhège tǎolùn shǔyú guānyú shèhuì bù píngděng de wèntí.
이 논의는 사회적 불평등 문제에 속한다.

6 以及 yǐjí

'및', '그리고', '와', '과'라는 뜻으로, 여러 항목이나 요소를 나열할 때 사용한다. 특히 문어체나 공식 문서에 자주 사용한다.

① **政府推出了新的经济刺激措施，<u>以及</u>减税政策。**
Zhèngfǔ tuīchū le xīn de jīngjì cìjī cuòshī, yǐjí jiǎnshuì zhèngcè.
정부는 새로운 경제 자극 조치와 세금 감면 정책을 발표했다.

② **最近的医疗改革包括提高医生待遇，<u>以及</u>改善医院设施。**
Zuìjìn de yīliáo gǎigé bāokuò tígāo yīshēng dàiyù, yǐjí gǎishàn yīyuàn shèshī.
최근의 의료 개혁에는 의사 급여 인상과 병원 시설 개선이 포함된다.

③ **教育改革关注学生福利，<u>以及</u>提高教学质量。**
Jiàoyù gǎigé guānzhù xuésheng fúlì, yǐjí tígāo jiàoxué zhìliàng.
교육 개혁은 학생 복지와 교육 품질 향상에 중점을 둔다.

연습문제

1. 본문의 내용에 근거하여 괄호 안에 들어갈 글자를 채우시오.

1) 网漫(网络漫画)是指通过互联(　　　)发布和传播的漫画作品。

2) (　　　)传统纸质漫画相比，网漫通常更新更快。

3) 《妖神记》是中国的一部网络漫画，内容充(　　　)了幻想和冒险。

4) 故事主要讲(　　　)了一个名叫的女性编辑，由于自己的容貌遭到歧视，生活一直不如意。

5) 如果放(　　　)任务，将面临更为严重的代价。

6) 我觉得非常独特，特别是那种黑白对比的效(　　　)。

7) 我最喜欢的是主角，因为他的设计很酷，而且故事很(　　　)引人。

8) 你有没有注意(　　　)他们使用了很多传统元素？

9) 这也让整部漫画更有文化气(　　　)。

10) 我打(　　　)今晚看看。

2. 다음 문장을 중국어로 옮기시오.

1) 중국에서는 웹툰이 점점 더 많은 젊은이의 사랑을 받고 있다.

➡

2) 최종적으로 다시 최강자가 된다.

➡

3) 정말 재미있어. 꼭 볼 가치가 있어.

➡

4) 이 기술은 인공지능 분야에 속한다.

➡

5) 교육 개혁은 학생 복지와 교육 품질 향상에 중점을 둔다.

➡

3. 다음 문장을 해석하시오.

1) 与过去相比，现代人对环境保护的意识更强了。

➡

2) 从纸质书到电子书，阅读的方式发生了很大变化。

➡

3) 政府将增加对绿色能源的投资。

➡

4) 韩国面临人口老龄化的严峻挑战。

➡

5) 新政策将减少垃圾产生。

➡

MEMO

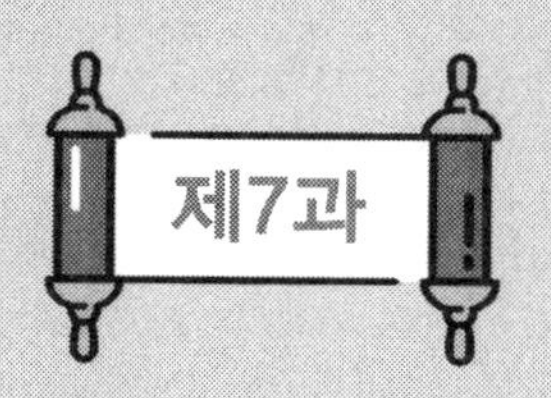

现代美术

본문 1. 曾梵志《最后的晚餐》

曾梵志的《最后的晚餐》创作于2001年，是曾梵志'面具系列'的晚期代表作品，也是尺寸最大(长4米，高2.2米)、人物最多的一副，同时也是他的'面具系列'中唯一利用经典名作进行改编的一副。

曾梵志在创作过程中直接挪用了达·芬奇的构图形式，将原作中的主题人物置换为戴面具、系红领巾的少先队员，原作中耶稣的形象**被**带有'三道杠'肩章的'大队长'**所**代替，原来犹大的位置被穿翻领短袖衬衫、系金黄色领带的一位少先队员所替换；桌子更替为现代商业消费文化的快餐式的桌子，桌子上的面包和鱼也被血淋淋、切开的西瓜所代替；两边墙壁上贴有用中国书法题写的名言警句的教室替换了原作品中的教堂背景。

曾梵志借用基督教圣经中'最后的晚餐'这个母题进行创作，并借用达·芬奇的构图形式，重新融入中国社会发展的文化元素符号，使达·芬奇的《最后的晚餐》初始的内涵开始发生转变，**由**宗教性质**转向**表现当代社会生活。

Zēngfànzhì de 《Zuìhòu de wǎncān》 chuàngzuò yú èrlínglíngyī nián, shì Zēngfànzhì 'miànjù xìliè' de wǎnqī dàibiǎo zuòpǐn, yě shì chǐcùn zuìdà (cháng sì mǐ, gāo èr diǎn èr mǐ), rénwù zuìduō de yì fú, tóngshí yě shì tā de 'miànjù xìliè' zhōng wéiyī lìyòng jīngdiǎn míngzuò jìnxíng gǎibiān de yì fú.

Zēngfànzhì zài chuàngzuò guòchéng zhōng zhíjiē nuóyòng le Dá·fēnqí de gòutú xíngshì, jiāng yuánzuò zhōng de zhǔtí rénwù zhìhuàn wéi dài miànjù, jì hónglǐngjīn de shǎoxiānduìyuán, yuánzuò zhōng Yēsū de xíngxiàng bèi dàiyǒu 'sān dào gāng' jiānzhāng de 'dàduìzhǎng' suǒ dàitì, yuánlái Yóudà de wèizhì bèi chuān fānlǐng duǎnxiù chènshān, jì jīnhuángsè lǐngdài de yí wèi shǎoxiānduìyuán suǒ tìhuàn; zhuōzi gēng tì wéi xiàndài shāngyè xiāofèi wénhuà de kuàicānshì de zhuōzi, zhuōzi shàng de miànbāo hé yú yě bèi xiělínlín, qièkāi de xīguā suǒ dàitì; liǎngbiān qiángbì shàng tiē yǒu yòng Zhōngguó shūfǎ tíxiě de míngyán jǐngjù de jiàoshì tìhuàn le yuán zuòpǐn zhōng de jiàotáng bèijǐng.

Zēngfànzhì jièyòng Jīdūjiào shèngjīng zhōng 'zuìhòu de wǎncān' zhège mǔtí jìnxíng chuàngzuò, bìng jièyòng Dá·fēnqí de gòutú xíngshì, chóngxīn róngrù Zhōngguó shèhuì fāzhǎn de wénhuà yuánsù fúhào, shǐ Dá·fēnqí de《zuìhòu de wǎncān》chūshǐ de nèihán kāishǐ fāshēng zhuǎnbiàn, yóu zōngjiào xìngzhì zhuǎnxiàng biǎoxiàn dāngdài shèhuì shēnghuó.

새 단어

曾梵志 Zēngfànzhì	증범지[인명(人名)].
面具 miànjù	마스크. 탈. 가면.
系列 xìliè	시리즈.
尺寸 chǐcùn	사이즈.
唯一 wéiyī	유일한. 하나밖에 없는.
经典名作 jīngdiǎn míngzuò	고전 명작.
挪用 nuóyòng	융통하다. 변통하다.
达·芬奇 Dá·fēnqí	레오나르도다빈치[Leonardo da Vinci (1452~1519)].
构图 gòutú	구도.
置换 zhìhuàn	치환하다. 바꾸다. 교체하다.
戴 dài	착용하다. 쓰다.
系 jì	매다. 묶다.
红领巾 hónglǐngjīn	홍령건. 붉은 네커치프(스카프).

少先队员 shǎoxiānduìyuán	(중국) 소년선봉대 대원.
耶稣 Yēsū	예수(Jesus).
道 dào	(강·하천 같이) 긴 것을 세는 데 쓰임.
杠 gāng	(작은) 막대기.
肩章 jiānzhāng	견장.
大队长 dàduìzhǎng	대대장.
代替 dàitì	대체하다. 대신하다.
犹大 Yóudà	가롯 유다[Kerioth Judah].
翻领 fānlǐng	라펠[lapel]. 접은 옷깃.
替换 tìhuàn	갈아입다. 바꾸어 입다.
快餐式 kuàicānshì	패스트푸드식.
血淋淋 xiělínlín	피가 뚝뚝 떨어지는 모양. 참혹한 모양.
切开 qièkāi	절개하다. 베어 내다.
墙壁 qiángbì	벽.
贴 tiē	붙(이)다.
题写 tíxiě	(표제·편액·서명 등을) 쓰다.
警句 jǐngjù	경구. 진리나 삶에 대한 느낌이나 사상을 간결하고 날카롭게 표현한 말.
教堂 jiàotáng	교회.
基督教 Jīdūjiào	기독교.
圣经 shèngjīng	성경.

母题 mǔtí	주제. 테마.
融入 róngrù	융합되어 들어가다. 나아가다. 유입되다.
元素符号 yuánsù fúhào	문화적 요소 기호. 아이콘[icon].
内涵 nèihán	내포.
转变 zhuǎnbiàn	바뀌다. 전환하다.

본문 2. 张晓刚《血缘 — 大家庭：全家福2号》

《血缘 — 大家庭：全家福2号》于1993年创作，是著名的《血缘 — 大家庭》系列的第二张作品，也是市场现存最早的此系列作品。本幅作品<u>以</u>其标准的一孩家庭<u>为</u>构图，画中婴儿的原型乃张晓刚的二哥，技法上虽然有着早期作品的表现主义痕迹，但更多是向超现实主义靠拢；平涂式的画法、中性化的人物及柔和的色调，皆深深影响张晓刚的后期作品。此幅作品藏于欧洲至参加香港苏富比2012年当代亚洲艺术春季拍卖才首次现于公众，<u>并以</u>4600万港元成交，<u>成为</u>当场最高成交拍品。

《Xuèyuán－Dàjiātíng：Quánjiāfú èrhào》 yú yījiǔjiǔsān nián chuàngzuò, shì zhùmíng de《Xuèyuán－Dàjiātíng》 xìliè de dì'èr zhāng zuòpǐn, yě shì shìchǎng xiàncún zuì zǎo de cǐ xìliè zuòpǐn. Běn fú zuòpǐn yǐ qí biāozhǔn de yì hái jiātíng wéi gòutú, huàzhōng yīngér de yuánxíng nǎi Zhāngxiǎogāng de èrgē, jìfǎ shàng suīrán yǒu zhe zǎoqī zuòpǐn de biǎoxiànzhǔyì hénjī, dàn gèng duō shì xiàng chāoxiànshízhǔyì kàolǒng; píngtúshì de huàfǎ, zhōngxìnghuà de rénwù jí róuhé de sèdiào, jiē shēnshēn yǐngxiǎng Zhāng Xiǎogāng de hòuqī zuòpǐn. Cǐ fú zuòpǐn cángyú Ōuzhōu zhì cānjiā Xiānggǎng Sūfùbǐ èrlíngyī'èr nián dāngdài Yàzhōu yìshù chūnjì pāimài cái shǒucì xiànyú gōngzhòng, bìng yǐ sìqiānliùbǎi wàn Gǎngyuán chéngjiāo, chéngwéi dāngchǎng zuìgāo chéngjiāo pāipǐn.

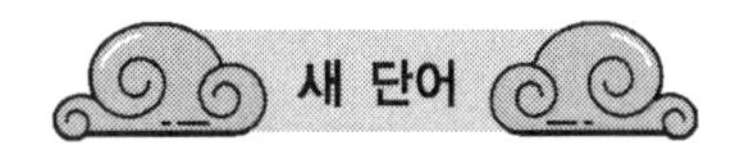

张晓刚 Zhāngxiǎogāng	장효강[인명(人名)].
婴儿 yīng'ér	영아. 갓난애.
原型 yuánxíng	원형. 기본 모양.

乃 nǎi ~이다. 바로 ~이다.

技法 jìfǎ 기법.

表现主义 biǎoxiànzhǔyì 표현주의.

痕迹 hénjī 흔적. 자취.

超现实主义 chāoxiànshízhǔyì 초현실주의[surrealism].

靠拢 kàolǒng 가까이 다가서다. 접근하다.

平涂式 píngtúshì 평도식.

画法 huàfǎ 화법.

中性化 zhōngxìnghuà (남녀 성별의) 중성화되다.

柔和 róuhé 느낌이 부드럽다.

色调 sèdiào 색조.

欧洲 Ōuzhōu 유럽.

苏富比拍卖 Sūfùbǐ pāimài 소더비 경매장[Sotheby's].

公众 gōngzhòng 대중(의).

成交 chéngjiāo 거래가 성립되다. 매매가 성립되다.

拍品 pāipǐn 경매물.

본문 3. 岳敏君《大团结》

岳敏君的作品《大团结》，<u>**好像**</u>一切是从嘻哈欢乐中开始的，又在嘻哈欢乐中结束。每个人物表情都整齐的、成一条斜直线地排列在画面之中，辨别不出他们是什么身份。另一个人物形象单独地站在他们前面，从形式看，他们<u>**似乎**</u>在开会，但是从表情来看，他们似乎什么都不是。

他们一样的表情，一样的服装甚至是一样的面孔，他们并没有表现出列队的严肃感而展现的是一种嘻哈调皮的状态，无人能明白他们在嬉笑什么或者为什么如此嬉笑，就是站在烈日之下张着大嘴傻傻地笑着，并且开心愉悦到无所畏惧、无所顾忌。

Yuèmǐnjūn de zuòpǐn《Dàtuánjié》, hǎoxiàng yíqiè shì cóng xī hā huānlè zhōng kāishǐ de, yòu zài xīhā huānlè zhōng jiéshù. Měi gè rénwù biǎoqíng dōu zhěngqí de, chéng yì tiáo xiézhíxiàn de páiliè zài huàmiàn zhī zhōng, biànbié bù chū tāmen shì shénme shēnfèn. Lìng yí gè rénwùxíng xiàng dāndúde zhàn zài tāmen qiánmiàn, cóng xíngshì kàn, tāmen sìhū zài kāihuì, dànshì cóng biǎoqíng lái kàn, tāmen sìhū shénme dōu bùshì.

Tāmen yíyàng de biǎoqíng, yíyàng de fúzhuāng shènzhì shì yíyàng de miànkǒng, tāmen bìng méiyǒu biǎoxiàn chū lièduì de yánsùgǎn ér zhǎnxiàn de shì yì zhǒng xīhā tiáopí de zhuàngtài, wúrén néng míngbái tāmen zài xīxiào shénme huòzhě wèishénme rúcǐ xīxiào, jiùshì zhàn zài lièrì zhīxià zhāng zhe dàzuǐ shǎshǎde xiào zhe, bìngqiě kāixīn yúyuè dào wúsuǒ wèijù, wúsuǒ gùjì.

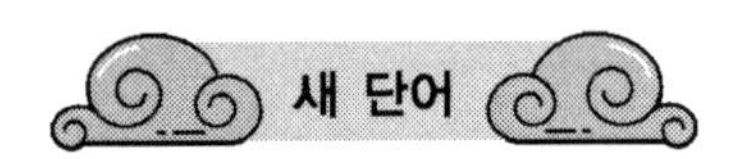

岳敏君 Yuèmǐnjūn — 악민군[인명(人名)].

整齐 zhěngqí — 가지런하다. 고르다. 즐비하다. 한결같다.

斜直线 xiézhíxiàn	사선.
排列 páiliè	정렬하다. 배열하다.
辨别 biànbié	분별하다. 분간하다.
单独地 dāndúde	오로지. 단지. 단독으로.
似乎 sìhū	마치 (~인 것 같다).
表情 biǎoqíng	표정.
甚至 shènzhì	심지어. ~까지도. ~조차도.
面孔 miànkǒng	낯. 얼굴.
列队 lièduì	대열을 짓다. 줄지어 서다.
严肃感 yánsùgǎn	엄숙한 느낌.
展现 zhǎnxiàn	전개하다. (눈앞에) 펼쳐지다.
调皮 tiáopí	장난치다. 까불다.
状态 zhuàngtài	상태.
嬉笑 xīxiào	장난하며 웃다. 낄낄거리고 웃다.
烈日 lièrì	뙤약볕. 땡볕.
傻傻地 shǎshǎde	우두커니. 멍하니.
愉悦 yúyuè	유쾌하고 기쁘다.
无所畏惧 wúsuǒ wèijù	조금도 두려워하는 바가 없다. 매우 용감하다.
无所顾忌 wúsuǒ gùjì	우려할 것이 없다. 거리낌 없다.

본문 4. 方力钧《系列二(之二)》

方力钧的《系列二(之二)》作品，在这幅作品中，方力钧‘打哈欠’的表情是具体形象的，是一种清晨早起的精神状态，是休息一夜的身体舒展。这与他的嘻哈表情是不相雷同的，忽略画面背后的人物形象，着重表达画面前面的中心人物，方力钧<u>把</u>观者所有的目光都集中到了这个‘打哈欠‘的表情上面，<u>让</u>观者思索‘打哈欠’这个表情的真正意义。

Fānglìjūn de《Xìliè èr(zhī èr)》zuòpǐn, zài zhè fú zuòpǐn zhōng, Fānglìjūn ‘dǎ hāqiàn’ de biǎoqíng shì jùtǐ xíngxiàng de, shì yì zhǒng qīngchén zǎoqǐ de jīngshén zhuàngtài, shì xiūxī yíyè de shēntǐ shūzhǎn. Zhè yǔ tā de xīhā biǎoqíng shì bùxiāng léitóng de, hūlüè huàmiàn bèihòu de rénwù xíngxiàng, zhuózhòng biǎodá huàmiàn qiánmiàn de zhōngxīn rénwù, Fānglìjūn bǎ guānzhě suǒyǒu de mùguāng dōu jízhōng dào le zhège ‘dǎ hāqiàn’ de biǎoqíng shàngmiàn, ràng guānzhě sīsuǒ ‘dǎ hāqiàn’ zhège biǎoqíng de zhēnzhèng yìyì.

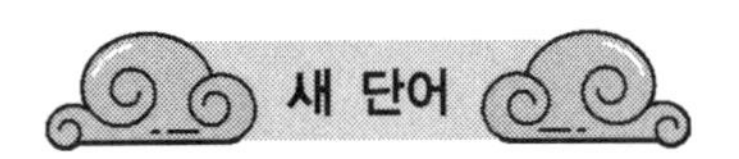

方力钧 Fānglìjūn	방력균[인명(人名)].
清晨 qīngchén	새벽녘. 동틀 무렵. 이른 아침.
舒展 shūzhǎn	펴다. 켜다.
雷同 léitóng	뇌동하다. 덩달아 찬성하다. 맞장구를 치다.
忽略 hūlüè	소홀히 하다. 등한히 하다.

着重 zhuózhòng	힘을 주다. 강조하다. (~에) 치중하다. 역점을 두다. 중시하다.
表达 biǎodá	(생각·감정을) 표현하다.
打哈欠 dǎ hāqiàn	하품을 하다.
思索 sīsuǒ	사색하다. 깊이 생각하다.

본문 5. 场景

A: 你对张晓刚的画作有什么看法?
Nǐ duì Zhāngxiǎogāng de huàzuò yǒu shénme kànfǎ?

B: 我觉得他的画作非常独特,
Wǒ juéde tā de huàzuò fēicháng dútè,
尤其是《血缘 : 大家庭》系列，很有代表性。
yóuqí shì《Xuèyuán: Dàjiātíng》xìliè, hěn yǒu dàibiǎoxìng.

A: 是的，他的作品经常表现出深刻的情感和历史变迁。
Shì de, tā de zuòpǐn jīngcháng biǎoxiàn chū shēnkè de qínggǎn hé lìshǐ biànqiān.

B: 是啊，他的画风很独特，特别是在色调和构图上很有个人风格。
Shì a, tā de huàfēng hěn dútè, tèbié shì zài sèdiào hé gòutú shàng hěn yǒu gèrén fēnggé.

A: 他常常从老照片中获取灵感,
Tā chángcháng cóng lǎo zhàopiàn zhōng huòqǔ línggǎn,
以此来表达时光的流逝和记忆的力量。
yǐ cǐ lái biǎodá shíguāng de liúshì hé jìyì de lìliàng.

B: 哦，有意思！我要更仔细地欣赏他的作品了。
Ò, yǒu yìsi! Wǒ yào gèng zǐxì de xīnshǎng tā de zuòpǐn le.
谢谢你的分享!
Xièxie nǐ de fēnxiǎng!

A: 不客气！希望你喜欢他的作品。
Bú kèqi! Xīwàng nǐ xǐhuan tā de zuòpǐn.

새 단어

画作 huàzuò	회화 작품.
变迁 biànqiān	변천(하다).
获取 huòqǔ	얻다. 획득하다.
灵感 línggǎn	영감.
流逝 liúshì	유수처럼 빨리 사라지다.
分享 fēnxiǎng	(행복·기쁨 따위를) 함께 나누다(누리다).

구문 설명

1 被 bèi ~ 所 suǒ

'被'는 '(~에게) ~당하다'라는 뜻으로, 피동문에서 동작·작용을 행하는 주체가 무엇인지를 표시하거나 동사 앞에 쓰여서 피동을 나타낸다. 주로 공식적이거나 문어적인 표현에 사용되며, '동작을 받는 대상+被+동작을 행하는 주체(동작을 행하는 사람이나 사물)+所+动词'형식으로 쓰인다.

① **这些研究成果被国际学术界所认可。**
Zhè xiē yánjiū chéngguǒ bèi guójì xuéshùjiè suǒ rènkě.
이 연구 성과는 국제 학술계에 의해 인정받고 있다.

② **这个提案被委员会所接受。**
Zhège tí'àn bèi wěiyuánhuì suǒ jiēshòu.
이 제안은 위원회에 의해 수용되었다.

③ **这项新规被员工所理解和支持。**
Zhè xiàng xīn guī bèi yuángōng suǒ lǐjiě hé zhīchí.
이 새로운 규정은 직원들에 의해 이해되고 지지받고 있다.

2 由 yóu ~ 转向 zhuǎnxiàng

'由'는 '~에서', '~한 상태에서', '转向'은 '전환하다', '변경하다'라는 뜻으로, '~에서 ~로 전환하다'라는 의미를 나타낼 때 사용한다.

① **公司由传统生产模式转向智能制造。**
Gōngsī yóu chuántǒng shēngchǎn móshì zhuǎnxiàng zhìnéng zhìzào.
회사는 전통적인 생산 방식에서 스마트 제조로 전환했다.

② 社交媒体<u>由</u>炫耀生活<u>转向</u>分享知识和教育内容。
Shèjiāo méitǐ yóu xuànyào shēnghuó zhuǎnxiàng fēnxiǎng zhīshi hé jiàoyù nèiróng.
소셜 미디어가 생활 과시에서 지식과 교육 콘텐츠 공유로 전환하고 있다.

③ 电子游戏<u>由</u>单机游戏<u>转向</u>虚拟现实和增强现实。
Diànzǐ yóuxì yóu dānjī yóuxì zhuǎnxiàng xūnǐ xiànshí hé zēngqiáng xiànshí.
비디오 게임이 단일 플레이 게임에서 가상 현실과 증강 현실로 전환하고 있다.

3 以 yǐ ~ 为 wéi ~

'~을(를) ~으로 삼다', '~을(를) ~으로 여기다'라는 뜻으로, 특정한 상황이나 상태에서 어떤 것을 기준으로 삼거나 고려할 때 사용한다.

① <u>以</u>彩虹<u>为</u>灵感，我们来画一幅梦想中的风景吧！
Yǐ cǎihóng wéi línggǎn, wǒmen lái huà yì fú mèngxiǎng zhōng de fēngjǐng ba!
무지개를 영감으로 삼아, 꿈속의 풍경을 그려보자.

② <u>以</u>梦想<u>为</u>起点，我们开始这次绘画之旅吧！
Yǐ mèngxiǎng wéi qǐdiǎn, wǒmen kāishǐ zhè cì huìhuà zhī lǚ ba!
꿈을 출발점으로 삼아, 이번 그림 여행을 시작해보자.

③ <u>以</u>网络安全<u>为</u>重点，我们强化了系统的安全防护措施。
Yǐ wǎngluò ānquán wéi zhòngdiǎn, wǒmen qiánghuà le xìtǒng de ānquán fánghù cuòshī.
사이버 보안을 중점으로 삼아, 우리는 시스템의 보안 방어 조치를 강화했다.

4 并以 bìng yǐ ~ 成为 chéngwéi ~

'그리고 ~을(를) 통해 ~이(가) 되다'라는 뜻으로, 특정 조건이나 방법을 통해 어떤 상태나 결과로 변하는 것을 설명할 때 사용되며, '并以+방법[조건]+成为+결과[상태]'형식으로 쓰인다.

① **她创新设计，<u>并以</u>独特风格<u>成为</u>时尚界的明星。**
Tā chuàngxīn shèjì, bìng yǐ dútè fēnggé chéngwéi shíshàngjiè de míngxīng.
그녀는 창의적인 디자인을 통해 독특한 스타일로 패션계의 스타가 되었다.

② **他专注研究，<u>并以</u>突破性发现<u>成为</u>知名科学家。**
Tā zhuānzhù yánjiū, bìng yǐ tūpòxìng fāxiàn chéngwéi zhīmíng kēxuéjiā.
그는 연구에 집중하여 획기적인 발견으로 유명한 과학자가 되었다.

③ **他努力训练，<u>并以</u>优异成绩<u>成为</u>冠军。**
Tā nǔlì xùnliàn, bìng yǐ yōuyì chéngjī chéngwéi guànjūn.
그는 열심히 훈련하여, 뛰어난 성적으로 챔피언이 되었다.

5 好像 hǎoxiàng

'(마치) ~인 것 같다', '~인 듯하다'라는 뜻으로, 어떤 상황이나 상태가 사실인 것처럼 보일 때 사용한다.

① **人工智能的进步<u>好像</u>比我们预期的要快。**
Réngōng zhìnéng de jìnbù hǎoxiàng bǐ wǒmen yùqī de yào kuài.
인공지능의 발전이 우리가 예상했던 것보다 빠른 것 같다.

② **环境保护的呼声<u>好像</u>越来越强烈。**
Huánjìng bǎohù de hūshēng hǎoxiàng yuè lái yuè qiángliè.
환경 보호를 위한 목소리가 점점 더 강해지는 것 같다.

③ **这道菜的味道<u>好像</u>比以前更好。**
Zhè dào cài de wèidào hǎoxiàng bǐ yǐqián gèng hǎo.
이 요리의 맛이 예전보다 더 좋은 것 같다.

6 似乎 sìhū

'~것 같다', '~인 듯하다'라는 뜻으로, 어떤 상황이나 상태가 확실하지 않거나 정확하게 알기 어려울 때 사용한다. 일반적으로 주관적인 느낌이나 추측을 나타낼 때 사용한다.

① 她似乎对这个项目不太感兴趣。
Tā sìhū duì zhège xiàngmù bùtài gǎn xìngqù.
그녀는 이 프로젝트에 별로 관심이 없는 것 같다.

② 新的科技发展似乎正在改变我们生活的方式。
Xīn de kējì fāzhǎn sìhū zhèngzài gǎibiàn wǒmen shēnghuó de fāngshì.
새로운 과학기술 발전이 우리 생활 방식을 변화시키는 것 같다.

③ 数字艺术品的投资似乎越来越受到关注。
Shùzì yìshùpǐn de tóuzī sìhū yuè lái yuè shòudào guānzhù.
디지털 미술품에 대한 투자가 점점 더 주목받는 것 같다.

7 把 bǎ

주로 동사의 결과나 영향을 받는 대상을 강조할 때 사용한다. 일반적으로 '주어+把+목적어+동사+기타 성분'형식으로 쓰인다.

① 艺术家把现代技术融入了传统绘画中。
Yìshùjiā bǎ xiàndài jìshù róngrù le chuántǒng huìhuà zhōng.
예술가는 현대 기술을 전통 회화에 융합시켰다.

② 画廊把新晋艺术家的作品展示给了观众。
Huàláng bǎ xīnjìn yìshùjiā de zuòpǐn zhǎnshì gěi le guānzhòng.
갤러리는 신진 예술가의 작품을 관객에게 전시했다.

③ 策展人把展览主题定为了'数字化时代的艺术'。
Cèzhǎnrén bǎ zhǎnlǎn zhǔtí dìngwéi le 'shùzìhuà shídài de yìshù'.
큐레이터는 전시 주제를 '디지털 시대의 예술'로 정했다.

8 让 ràng

'~하게 하다', '시키다'라는 뜻으로, 주어가 다른 사람이나 사물이 어떤 행동을 하도록 만들거나 유발하는 상황을 나타낼 때 사용한다.

① **艺术展览<u>让</u>人们重新思考环境保护的重要性。**
Yìshù zhǎnlǎn ràng rénmen chóngxīn sīkǎo huánjìng bǎohù de zhòngyàoxìng.
예술 전시는 사람들이 환경 보호의 중요성을 다시 생각하게 한다.

② **这些新媒体艺术作品<u>让</u>观众感受到科技与艺术的融合。**
Zhèxiē xīnméitǐ yìshù zuòpǐn ràng guānzhòng gǎnshòu dào kējì yǔ yìshù de rónghé.
이 새로운 미디어 아트 작품들은 관객이 기술과 예술의 융합을 느끼게 한다.

③ **艺术装置<u>让</u>参观者体验到了沉浸式的视觉效果。**
Yìshù zhuāngzhì ràng cānguānzhě tǐyàn dào le chénjìnshì de shìjué xiàoguǒ.
예술 설치물은 방문객들이 몰입형 시각 효과를 체험하게 한다.

연습문제

1. 본문의 내용에 근거하여 괄호 안에 들어갈 글자를 채우시오.

1) 曾梵志的《最后的晚餐》创(　　　)于2001年，是曾梵志‘面具系列’的晚期代表作品。

2) 曾梵志借用基督教(　　　)经中‘最后的晚餐’这个母题进行创作。

3) 画中婴儿的原型乃张晓刚的二哥，技法上虽然有着早期作品的表现主义(　　　)迹，但更多是向超现实主义靠拢。

4) 岳敏君的作品《大团结》，好像一切是从嘻哈欢乐中开始的，又在嘻哈欢乐中结(　　　)。

5) 从形式看，他们似乎在开会，但是从表情来看，他们似乎什么(　　　)不是。

6) 方力钧把观者所有的目光都集(　　　)到了这个‘打哈欠’的表情上面，让观者思索‘打哈欠’这个表情的真正意义。

7) 我觉得他的画作非常独特，尤(　　　)是《血缘：大家庭》系列，很有代表性。

8) 他的作品经常表现出深刻的情感和历史变(　　　)。

9) 他常常(　　　)老照片中获取灵感，以此来表达时光的流逝和记忆的力量。

10) 谢谢你的(　　　)享！

2. 다음 문장을 중국어로 옮기시오.

1) 장효강의 그림에 대해 어떻게 생각해?

➡

2) 그의 화풍은 매우 독특하다.

➡

3) 그의 작품을 더 자세히 감상해야겠네요.

➡

4) 인공지능의 발전이 우리가 예상했던 것보다 빠른 것 같다.

➡

5) 갤러리는 신진 예술가의 작품을 관객에게 전시했다.

➡

3. 다음 문장을 해석하시오.

1) 公司由传统生产模式转向智能制造。

➡

2) 他努力训练，并以优异成绩成为冠军。

➡

3) 这道菜的味道好像比以前更好。

➡

4) 数字艺术品的投资似乎越来越受到关注。

➡

5) 这些新媒体艺术作品让观众感受到科技与艺术的融合。

➡

MEMO

电影(一)

본문 1. 亲爱的(2014)

电影《亲爱的》是由陈可辛导演，张冀编剧的一部‘打拐题材’电影。该片是**根据**央视早年的一则‘打拐’新闻改编而成。一对夫妻因为关系不和睦，儿子成为他们唯一的联系，但是有一天孩子**却**莫名其妙地走丢了。

夫妻二人努力寻找自己的孩子，在路上遇到了很多像自己一样寻找孩子的父母，更发生了许多震撼人心的事情。影片中所展现的亲情、人性及一些社会问题，具有很强的现实意义。

Diànyǐng《Qīnàide》shì yóu Chénkěxīn dǎoyǎn, Zhāngjì biānjù de yí bù ‘dǎguǎi tícái’ diànyǐng. Gāipiàn shì gēnjù yāngshì zǎonián de yì zé ‘dǎguǎi’ xīnwén gǎibiān ér chéng. Yí duì fūqī yīnwèi guānxì bù hémù, érzi chéngwéi tāmen wéiyī de liánxì, dànshì yǒu yìtiān háizi què mòmíng qímiào de zǒu diū le.

Fūqī èrrén nǔlì xúnzhǎo zìjǐ de háizi, zài lùshàng yùdào le hěn duō xiàng zìjǐ yíyàng xúnzhǎo háizi de fùmǔ, gèng fāshēng le xǔduō zhènhàn rénxīn de shìqíng. Yǐngpiàn zhōng suǒ zhǎnxiàn de qīnqíng, rénxìng jí yìxiē shèhuì wèntí, jùyǒu hěn qiáng de xiànshí yìyì.

陈可辛 Chénkěxīn　　진가신[인명(人名)].

导演 dǎoyǎn　　연출자. 감독.

张冀 Zhāngjì　　장기[인명(人名)].

编剧 biānjù　　각본가. 시나리오 라이터[scenario writer]. 극작가.

打拐 dǎguǎi	인신 매매범을 타파하다.
题材 tícái	제재. 예술 작품이나 학술 연구의 바탕이 되는 재료.
央视 yāngshì	중국 중앙 텔레비전 방송국(CCTV)[= 中央电视台 zhōngyāng diànshìtái].
和睦 hémù	화목하다.
莫名其妙 mòmíng qímiào	아무도 그 오묘함을 설명할 수 없다. 영문을 모르다.
震撼 zhènhàn	진동하다. 뒤흔들다.

본문 2. 场景(一)

1. 田鹏离家的时间是四点半
Tiánpéng líjiā de shíjiān shì sìdiǎn bàn

2. 第一次出现在监控录像里是五点四十五分,
Dì yī cì chūxiàn zài jiānkòng lùxiàng lǐ shì Wǔ diǎn sìshíwǔ fēn,

3. 佳丽大厦旁的十字路口
Jiālì dàshà páng de shízì lùkǒu

4. 这个是田鹏吧
Zhège shì Tiánpéng ba

5. 最后一次出现是罗湖火车站门口
Zuìhòu yí cì chūxiàn shì Luóhú huǒchēzhàn ménkǒu

6. 田文军
Tiánwénjūn

7. 你说你赶到罗湖火车站是七点多少分<u>来着</u>
Nǐ shuō nǐ gǎndào Luóhú huǒchēzhàn shì qī diǎn duōshao fēn láizhe

8. 七点四十
Qī diǎn sìshí

9. 你是不是跟我们打官腔
Nǐ shì bu shì gēn wǒmen dǎ guānqiāng

10. 是你们说二十四小时之内不给立案
Shì nǐmen shuō èrshísì xiǎoshí zhīnèi bù gěi lì'àn

11. 一直是我们在找 所以才耽误了时间
Yìzhí shì wǒmen zài zhǎo suǒyǐ cái dānwù le shíjiān

12. 我们是符合办案程序的
Wǒmen shì fúhé bàn'àn chéngxù de

13. 什么叫办案程序
Shénme jiào bàn'àn chéngxù

14. 你们是为了人民服务吗
Nǐmen shì wèile rénmín fúwù ma

15. 你们都冷静冷静
Nǐmen dōu lěngjìng lěngjìng

16. 理解你们的心情
Lǐjiě nǐmen de xīnqíng

17. 每年到我们这儿报案的失踪儿童父母非常多
Měinián dào wǒmen zhèr bào àn de shīzōng értóng fùmǔ fēicháng duō

18. 刚开始的时候他们跟你们都一样
Gāng kāishǐ de shíhou tāmen gēn nǐmen dōu yíyàng

19. 这样吧
Zhèyàng ba

20. 你们几个先到市局
Nǐmen jǐ gè xiān dào shìjú

21. 做个DNA血样测试**以备**留存
Zuò gè DNA xuèyàng cèshì yǐbèi liúcún

22. 万一将来孩子找着了呢
Wànyī jiānglái háizi zhǎozháo le ne

23. 先回去吧
Xiān huíqù ba

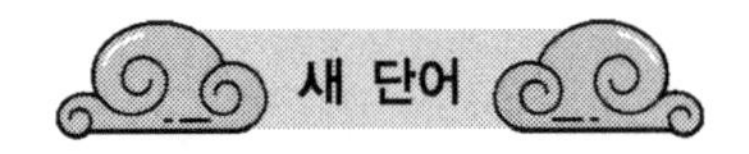

田鹏 Tiánpéng	전붕[인명(人名)].
监控录像 jiānkòng lùxiàng	CCTV 영상. 감시카메라.
佳丽大厦 Jiālì dàshà	가려빌딩.
旁 páng	옆. 가. 곁.
十字路口 shízì lùkǒu	십자로(의 모퉁이). 네거리. 사거리.
罗湖 Luóhú	라호.
田文军 Tiánwénjūn	전문군[인명(人名)].
打官腔 dǎ guānqiāng	관리 투의 말을 쓰다. 관리 티를 내다.
立案 lì'àn	입안하다.
耽误 dānwù	(시간을 지체하다가) 일을 그르치다.
符合 fúhé	부합하다. 맞다. 일치하다.
办案 bàn'àn	사건을 처리하다.

程序 chéngxù	순서. 단계. (수속) 절차.
冷静 lěngjìng	냉정하다. 침착하다.
报案 bào àn	사건을 신고하다.
失踪 shīzōng	실종되다. 행방불명되다.
市局 shìjú	시국. 일반적으로 한 도시나 시 단위의 정부 부서나 기관을 의미함.
血样 xuèyàng	혈액 검사를 위하여 뽑은 피.
测试 cèshì	테스트. 시험.
以备 yǐbèi	~을 준비하기 위하여. ~을 대비하여.
留存 liúcún	보존하다. 남겨 두다.

본문 3. 场景(二)

0. 寻子
   Xúnzi

1. 大家好! 我叫田文军
   Dàjiā hǎo! Wǒ jiào Tiánwénjūn

2. 这是我儿子田鹏
   Zhè shì wǒ érzi Tiánpéng

3. 他于2009年7月18号
   Tā yú èrlínglíngjiǔ nián qī yuè shíbā hào

4. 下午5点左右在家附近走失
   Xiàwǔ wǔ diǎn zuǒyòu zài jiā fùjìn zǒushī

5. 他身穿一个黄色的外套 一个红色的跑鞋
   Tā shēn chuān yí gè huángsè de wàitào yí gè hóngsè de pǎoxié

6. 额头上<u>还有</u>一个纱布
   Étóu shàng háiyǒu yí gè shābù

7. 请见到的人与照片上这个电话联系
   Qǐng jiàndào de rén yǔ zhàopiàn shàng zhège diànhuà liánxì

8. 我感谢大家 也请大家留意一下
   Wǒ gǎnxiè dàjiā yě qǐng dàjiā liúyì yíxià

特别是在马路旁边乞讨的小孩
Tèbié shì zài mălù pángbiān qĭtăo de xiăohái

9. 还有 如果有人买了我的儿子
Háiyŏu rúguŏ yŏurén măi le wŏ de érzi

10. 他吃桃子过敏 千万不要给他吃桃子
Tā chī táozi guòmĭn qiānwàn búyào gĕi tā chī táozi

새 단어

寻子 xúnzi 아들을 찾다.

走失 zŏushī 행방불명되다. 실종되다.

额头 étóu 이마.

纱布 shābù 가제. 거즈.

乞讨 qĭtăo 구걸하다.

桃子 táozi 복숭아.

过敏 guòmĭn 알레르기[allergy].

구문 설명

1 根据 gēnjù

'기준', '근거', '~에 의하면'이라는 뜻으로, 어떤 사실이나 결론을 뒷받침하는 자료나 이유를 나타낸다.

① **根据**大数据分析，消费者的购物习惯正在改变。
Gēnjù dà shùjù fēnxī, xiāofèizhě de gòuwù xíguàn zhèngzài gǎibiàn.
빅데이터 분석에 따르면, 소비자들의 쇼핑 습관이 변화하고 있다.

② **根据**公司的政策，员工可以选择远程办公。
Gēnjù gōngsī de zhèngcè, yuángōng kěyǐ xuǎnzé yuǎnchéng bàngōng.
회사 정책에 따르면, 직원들은 원격근무를 선택할 수 있다.

③ **根据**疫情防控要求，大家必须佩戴口罩。
Gēnjù yìqíng fángkòng yāoqiú, dàjiā bìxū pèidài kǒuzhào.
코로나19 방역 요구에 따라, 모두 마스크를 착용해야 한다.

2 却 què

'하지만', '오히려'라는 뜻으로, 예상과는 다른 반대되는 결과나 상황을 강조한다.

① 他很努力，但是成绩**却**不理想。
Tā hěn nǔlì, dànshì chéngjì què bù lǐxiǎng.
그는 매우 열심히 했지만, 성적은 기대에 미치지 못했다.

② 虽然经济复苏加快，但失业率**却**仍然很高。
Suīrán jīngjì fùsū jiākuài, dàn shīyèlǜ què réngrán hěn gāo.
경제 회복이 빨라지고 있지만, 실업률은 오히려 여전히 높다.

③ 房价不断上涨，但是居民收入**却**没有明显增加。
Fángjià búduàn shàngzhǎng, dànshì jūmín shōurù què méiyǒu míngxiǎn zēngjiā.
집값은 계속 오르지만, 주민들의 소득은 크게 증가하지 않았다.

3 来着 láizhe

'~했었지?', '~였지?'라는 뜻으로, 과거의 일을 회상하거나 기억이 잘 나지 않음을 나타낸다. 일반적으로 문장 끝에 위치하며, 주로 구어체에 사용한다.

① 上周发布的那个新款手机，你说叫什么**来着**?
Shàngzhōu fābù de nàge xīnkuǎn shǒujī, nǐ shuō jiào shénme láizhe?
지난주에 출시된 그 새로운 디자인의 스마트폰, 뭐라고 했었지?

② 最近很火的那个电视剧叫什么**来着**?
Zuìjìn hěn huǒ de nàge diànshìjù jiào shénme láizhe?
최근에 엄청 인기 있는 그 드라마, 제목이 뭐였지?

③ 前几天在新闻里看到的那个新的餐厅，叫什么**来着**?
Qián jǐ tiān zài xīnwén lǐ kàndào de nàge xīn de cāntīng, jiào shénme láizhe?
며칠 전에 뉴스에서 본 그 새로운 식당, 이름이 뭐였지?

4 以备 yǐbèi

'~을 준비하기 위하여', '~을 대비하여'라는 뜻으로, 주로 어떤 일이나 상황에 대비해 준비하는 것을 나타낼 때 사용한다.

① 公司决定增加库存**以备**市场需求的突然变化。
Gōngsī juédìng zēngjiā kùcún yǐbèi shìchǎng xūqiú de tūrán biànhuà.
회사는 시장 수요의 갑작스러운 변화에 대비하기 위해 재고를 늘리기로 결정했다.

② 为了以备不测，我们需要制定详细的应急计划。
Wèile yǐbèi bùcè, wǒmen xūyào zhìdìng xiángxì de yìngjí jìhuà.
예기치 않은 상황에 대비하기 위해, 우리는 상세한 비상 계획을 수립할 필요가 있다.

③ 我们存了一些钱以备将来的需要。
Wǒmen cún le yìxiē qián yǐbèi jiānglái de xūyào.
우리는 미래의 필요를 대비해 약간의 돈을 저축했다.

5 还有 háiyǒu

'그리고', '더불어', '또한'이라는 뜻으로, 보통 문장에서 추가 정보를 제공할 때 사용한다. 대화나 글에서 여러 항목을 나열할 때 자연스럽게 이어주는 역할을 한다.

① 市场在增长，还有更多投资机会。
Shìchǎng zài zēngzhǎng, háiyǒu gèng duō tóuzī jīhuì.
시장이 성장하고 있으며, 또한 더 많은 투자 기회가 있다.

② 这本杂志不仅介绍了最新的时尚潮流，还有许多实用的护肤建议。
Zhè běn zázhì bùjǐn jièshào le zuìxīn de shíshàng cháoliú, háiyǒu xǔduō shíyòng de hùfū jiànyì.
이 잡지는 최신 패션 트렌드를 소개할 뿐만 아니라, 많은 실용적인 피부 관리 팁도 포함하고 있다.

③ 今年的展会上，不仅展示了许多创新科技，还有各种绿色环保产品。
Jīnnián de zhǎnhuì shàng, bùjǐn zhǎnshì le xǔduō chuàngxīn kējì, háiyǒu gèzhǒng lǜsè huánbǎo chǎnpǐn.
올해 전시회에서는 많은 혁신 기술을 전시할 뿐만 아니라, 다양한 친환경 제품도 있다.

6 千万 qiānwàn

'절대', '반드시', '꼭'이라는 뜻으로, 주로 명령문이나 조언을 할 때 사용한다.

① **新冠疫情期间，大家千万要保持社交距离。**
Xīnguān yìqíng qījiān, dàjiā qiānwàn yào bǎochí shèjiāo jùlí.
코로나19 팬데믹 동안, 모두 꼭 사회적 거리두기를 유지해야 한다.

② **投资有风险，大家千万要谨慎。**
Tóuzī yǒu fēngxiǎn, dàjiā qiānwàn yào jǐnshèn.
투자는 위험이 있으니, 모두 꼭 신중해야 합니다.

③ **千万别碰那个东西。**
Qiānwàn bié pèng nàge dōngxi.
절대 그 물건 만지지 마.

연습문제

1. 본문의 내용에 근거하여 괄호 안에 들어갈 글자를 채우시오.

1) 电影《亲爱的》是(　　　)陈可辛导演，张冀编剧的一部“打拐题材”电影。

2) 一(　　　)夫妻因为关系不和睦。

3) 夫妻二人努力寻(　　　)自己的孩子。

4) 每年到我们这儿报案的失(　　　)儿童父母非常多。

5) 你们几个先到市局(　　　)个DNA血样测试。

6) 万一将来孩子找(　　　)了呢。

7) 下午5点左右在家附(　　　)走失。

8) 额(　　　)上还有一个纱布。

9) 请见到的人(　　　)照片上这个电话联系。

10) 他吃桃子过敏，千(　　　)不要给他吃桃子。

2. 다음 문장을 중국어로 옮기시오.

1) 회사 정책에 따르면, 직원들은 원격근무를 선택할 수 있다.

➔

2) 그는 매우 열심히 했지만, 성적은 기대에 미치지 못했다.

➔

3) 최근에 엄청 인기 있는 그 드라마, 제목이 뭐였지?

➔

4) 우리는 미래의 필요를 대비해 약간의 돈을 저축했다.

➔

5) 절대 그 물건 만지지 마.

➔

3. 다음 문장을 해석하시오.

1) 虽然经济复苏加快，但失业率却仍然很高。

➔

2) 前几天在新闻里看到的那个新的餐厅，叫什么来着？

➡

3) 为了以备不测，我们需要制定详细的应急计划。

➡

4) 市场在增长，还有更多投资机会。

➡

5) 新冠疫情期间，大家千万要保持社交距离。

➡

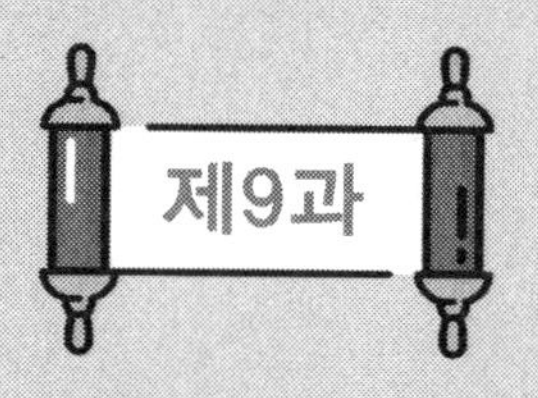

电影(二)

본문 1. 失孤(2015)

电影《失孤》是著名编剧彭三源的导演处女作，讲述的是一个失儿的父亲在寻子征程中帮助一个已长大成人的被拐儿童找到亲生父母的故事，两人在寻找的路上也产生了父子般的情谊，中间穿插了一个母亲失女后因等待无果跳江自杀的小悲剧。

Diànyǐng《Shīgū》shì zhùmíng biānjù Péngsānyuán de dǎoyǎn chǔnǚzuò, jiǎngshù de shì yí gè shī'ér de fùqīn zài xúnzǐ zhēngchéng zhōng bāngzhù yí gè yǐ zhǎngdà chéngrén de bèi guǎi értóng zhǎodào qīnshēng fùmǔ de gùshì, liǎngrén zài xúnzhǎo de lùshàng yě chǎnshēng le fùzǐ bān de qíngyì, zhōngjiān chuānchā le yí gè mǔqīn shīnǚ hòu yīn děngdài wúguǒ tiàojiāng zìshā de xiǎo bēijù.

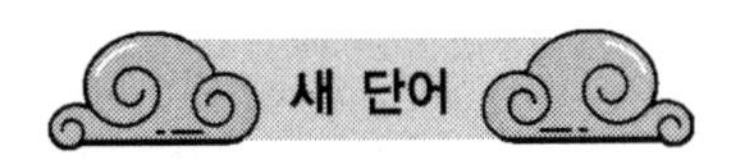

失孤 shīgū	실고. 잃어버린 아이들.
著名 zhùmíng	저명하다. 유명하다.
彭三源 Péng Sānyuán	팽삼원[인명(人名)].
处女作 chǔnǚzuò	처녀작.
讲述 jiǎngshù	진술하다. 서술하다.
失儿 shī'ér	미아.
征程 zhēngchéng	정도. 노정.

情谊 qíngyì	정의. 우정.
穿插 chuānchā	삽입하다. 집어넣다.
无果 wúguǒ	결과[성과]가 없다.
悲剧 bēijù	비극.

본문 2. 场景(一)

0. 武夷山到泉州
Wǔyíshān dào Quánzhōu

1. 靠边 边上去边上去
Kàobiān biānshàng qù biānshàng qù

2. 摩托车 靠边
Mótuōchē kàobiān

3. 摩托车 靠边
Mótuōchē kàobiān

4. 摩托车 靠边上停车
Mótuōchē kào biānshàng tíngchē

5. 靠边上停车
Kào biānshàng tíngchē

6. 你是活腻了
Nǐ shì huónì le

7. 忙着去投胎是不是 对不起对不起
Mángzhe qù tóutāi shì bu shì duì bu qǐ duì bu qǐ

8. 高速路上不许骑摩托车你不知道吗
Gāosùlù shàng bùxǔ qí mótuōchē nǐ bù zhīdào ma

9. 我知道我知道
Wǒ zhīdào wǒ zhīdào

10. 我只是想 抄个近路
Wǒ zhǐshì xiǎng chāo gè jìnlù

11. 就是想快一点
Jiùshì xiǎng kuài yìdiǎn

12. 麻烦你
Máfan nǐ

13. 给我个机会吧 谢谢 谢谢
Gěi wǒ gè jīhuì ba xièxie xièxie

14. 谢谢
Xièxie

15. 你要去哪
Nǐ yào qù nǎ

16. 泉州
Quánzhōu

17. 你方向错了知道吗
Nǐ fāngxiàng cuò le zhīdào ma

18. 跟着警车
Gēnzhe jǐngchē

19. 带地图了吗
Dài dìtú le ma

20. 带了
Dài le

21. 过来
Guòlái

22. 你看着啊
Nǐ kàn zhe a

23. 这里是收费站
Zhèli shì shōufèizhàn

24. 就这
Jiù zhè

25. 往前 右转
Wǎng qián yòuzhuǎn

26. 316国道
Sānyāoliù guódào

27. 奔五十公里
Bèn wǔshí gōnglǐ

28. 是福州
Shì Fúzhōu

29. 看路标一直<u>往</u>南走
Kàn lùbiāo yìzhí wǎng nán zǒu

30. 再过一百五十公里
Zài guò yìbǎi wǔshí gōnglǐ

31. 就是泉州了
Jiùshì Quánzhōu le

32. 谢谢 知道了
Xièxie zhīdào le

33. 哎
Ēi

34. 收好 别再走错
Shōuhǎo bié zài zǒu cuò

35. 谢谢 谢谢
Xièxie xièxie

36. 谢谢 谢谢
Xièxie xièxie

새 단어

武夷山 Wǔyíshān	무이산.
泉州 Quánzhōu	천주.
靠边 kàobiān	(길) 옆[곁]으로 붙다.
摩托车 mótuōchē	오토바이.
活腻 huónì	삶에 싫증나다. 살아가는 데 진절머리가 나다.
投胎 tóutāi	환생하다.
高速路 gāosùlù	고속도로.

抄 chāo	질러가다. 지름길로 가다.
警车 jǐngchē	경찰차.
收费站 shōufèizhàn	톨게이트. 고속도로 요금소.
奔 bèn	(목적지를 향하여) 곧장 나아가다. ~을 향하여 가다.
福州 Fúzhōu	복주[지명(地名)].
路标 lùbiāo	이정표. 도로 표지.

본문 3. 场景(二)

1. 你这样被人打几次了
Nǐ zhèyàng bèi rén dǎ jǐ cì le

2. 就这一次
Jiù zhè yí cì

3. 我不知道我父母会不会也是这么找我的
Wǒ bù zhīdào wǒ fùmǔ huì bú huì yě shì zhème zhǎo wǒ de

4. 会找的
Huì zhǎo de

5. 我在路上
Wǒ zài lù shàng

6. 才会觉得对得起儿子
Cái huì juéde duì de qǐ érzi

7. 不管他在哪儿
Bùguǎn tā zài nǎr

8. 我都希望他知道他爸爸在找他
Wǒ dōu xīwàng tā zhīdào tā bàba zài zhǎo tā

9. 你养父母对你好吗
Nǐ yǎng fùmǔ duì nǐ hǎo ma

10. 挺好的
Tǐng hǎo de

11. 打你吗
Dǎ nǐ ma

12. 没有
Méiyǒu

13. 我一直就知道我不是他们的孩子
Wǒ yìzhí jiù zhīdào wǒ bú shì tāmen de háizi

14. 但我不敢告诉他们
Dàn wǒ bùgǎn gàosu tāmen

15. 丢了孩子的父母
Diū le háizi de fùmǔ

16. 可以满世界的喊
Kěyǐ mǎn shìjiè de hǎn

17. 我不敢喊
Wǒ bùgǎn hǎn

18. 原来我担心
Yuánlái wǒ dānxīn

19. 我来不及长大
Wǒ lái bu jí zhǎngdà

20. 没找到他们 我就死掉了
Méi zhǎodào tāmen wǒ jiù sǐdiào le

21. 现在我长大了
Xiànzài wǒ zhǎngdà le

22. 我又担心
Wǒ yòu dānxīn

23. 我来不及找到他们
Wǒ lái bu jí zhǎodào tāmen

24. 他们就死掉了
Tāmen jiù sǐdiào le

25. 如果你亲爹跟你一起
Rúguǒ nǐ qīndiē gēn nǐ yìqǐ

26. 我想他也会这样的
Wǒ xiǎng tā yě huì zhèyàng de

27. 怕你丢了
Pà nǐ diū le

28. 你上大学了吗
Nǐ shàng dàxué le ma

29. 没有啊
Méiyǒu a

30. 你淘气啊 成绩不好
Nǐ táoqì a chéngjì bùhǎo

31. 才不是呢
Cái bú shì ne

32. 我没有户口
Wǒ méiyǒu hùkǒu

33. 所以我没有资格考试
Suǒyǐ wǒ méiyǒu zīgé kǎoshì

34. 我以前学习可努力了
Wǒ yǐqián xuéxí kě nǔlì le

35. 班里还有好多女生追我呢
Bān lǐ háiyǒu hǎoduō nǚshēng zhuī wǒ ne

36. 我家里还有两个姐姐
Wǒ jiālǐ háiyǒu liǎng gè jiějie

37. 所以我没有资格上户口
Suǒyǐ wǒ méiyǒu zīgé shàng hùkǒu

38. 养父也找过人
Yǎngfù yě zhǎo guo rén

39. 也没上成
Yě méi shàng chéng

40. 所以我也没有身份证
Suǒyǐ wǒ yě méiyǒu shēnfènzhèng

41. 我是个黑人
Wǒ shì gè hēirén

42. 没想到吧
Méi xiǎngdào ba

43. 没有身份证
Méiyǒu shēnfènzhèng

44. 不能坐飞机 不能坐火车
Bùnéng zuò fēijī bùnéng zuò huǒchē

45. 也不能办银行卡
Yě bùnéng bàn yínhángkǎ

46. 谈恋爱也不能结婚
Tán liàn'ài yě bùnéng jiéhūn

47. 所以我必须找到家
Suǒyǐ wǒ bìxū zhǎodào jiā

48. 证明我是被拐卖的
Zhèngmíng wǒ shì bèi guǎimài de

49. 公安局才会给我上户口
Gōng'ānjú cái huì gěi wǒ shàng hùkǒu

50. 如果我儿还活着
Rúguǒ wǒ ér hái huó zhe

51. 他上高三了
Tā shàng gāosān le

52. 不知道他是不是有考试资格
Bù zhīdào tā shì bu shì yǒu kǎoshì zīgé

새 단어

对得起 duì de qǐ 면목이 서다. 볼 낯이 있다. 떳떳하다.

不管 bùguǎn ~에 관계없이. ~을 막론하고.

养父母 yǎngfùmǔ 양부모.

不敢 bùgǎn 감히 ~하지 못하다. ~할 용기가 없다.

喊 hǎn 부르다. 일컫다.

死掉 sǐdiào 죽어 버리다.

淘气 táoqì 장난이 심하다.

成绩 chéngjì 성적.

户口 hùkǒu 호적.

资格 zīgé 자격.

谈恋爱 tán liàn’ài 연애를 하다.

拐卖 guǎimài 꾀어내어 팔아먹다. 유괴하다. 팔아넘기다.

公安局 gōng’ānjú 공안국. 경찰국.

구문 설명

1 已 yǐ

'이미', '벌써'라는 뜻으로, 주로 어떤 일이 이미 일어났거나 완료되었음을 나타낼 때 사용한다.

① **科学家们表示，新的疫苗已进入临床试验阶段。**
Kēxuéjiāmen biǎoshì, xīn de yìmiáo yǐ jìnrù línchuáng shìyàn jiēduàn.
과학자들은 새로운 백신이 이미 임상 시험 단계에 들어갔다고 말했다.

② **他已完成了所有的准备工作，只等项目正式启动。**
Tā yǐ wánchéng le suǒyǒu de zhǔnbèi gōngzuò, zhǐ děng xiàngmù zhèngshì qǐdòng.
그는 이미 모든 준비 작업을 완료했고, 프로젝트가 공식적으로 시작되기만을 기다리고 있다.

③ **公司已决定在明年扩展业务，并计划在海外开设新的分公司。**
Gōngsī yǐ juédìng zài míngnián kuòzhǎn yèwù, bìng jìhuà zài hǎiwài kāishè xīn de fēngōngsī.
회사는 이미 내년에 사업을 확장하기로 결정했으며, 해외에 새로운 지사를 설립할 계획이다.

2 因 yīn

'때문에', '인해서'라는 뜻으로, 원인이나 이유를 나타나타낼 때 사용한다.

① **因疫情防控需要，今年的春节旅游人数大幅减少。**
Yīn yìqíng fángkòng xūyào, jīnnián de Chūnjié lǚyóu rénshù dàfú jiǎnshǎo.
전염병 방역 필요성으로 인해 올해 춘절 관광객 수가 대폭 감소했다.

② **因连续暴雨，多个城市发生洪涝灾害。**
Yīn liánxù bàoyǔ, duō gè chéngshì fāshēng hónglào zāihài.
연속적인 폭우로 인해 여러 도시에서 홍수 재해가 발생했다.

③ **因技术缺陷，航班被迫取消。**
Yīn jìshù quēxiàn, hángbān bèipò qǔxiāo.
기술 결함으로 인해 항공편이 어쩔 수 없이 취소되었다.

3 往 wǎng

'~쪽으로', '~(을) 향해'라는 뜻으로, 특정 방향이나 목적지를 가리키거나 과거를 언급할 때 사용한다.

① **她往会议室走去，准备开会。**
Tā wǎng huìyìshì zǒuqù, zhǔnbèi kāihuì.
그녀는 회의실로 가서 회의를 준비하고 있다.

② **股市往上走了，投资者都很高兴。**
Gǔshì wǎng shàng zǒu le, tóuzīzhě dōu hěn gāoxìng.
주식 시장이 상승하자 투자자들은 모두 기뻐했다.

③ **请继续往下阅读这篇文章，以了解更多信息。**
Qǐng jìxù wǎng xià yuèdú zhè piān wénzhāng, yǐ liǎojiě gèng duō xìnxī.
이 문장을 계속 읽어 보시고 더 많은 정보를 확인해 주세요.

4 收好 shōuhǎo

'잘 보관하다', '잘 챙기다'라는 뜻으로 중요한 문서나 물건을 잘 보관해야 함을 나타낼 때 사용한다.

① 这本书非常珍贵，请<u>收好</u>，不要让它丢失。
Zhè běn shū fēicháng zhēnguì, qǐng shōuhǎo, búyào ràng tā diūshī.
이 책은 매우 소중하니, 잘 보관해서 잃어버리지 않도록 해주세요.

② 这张彩票真是个幸运符，千万别丢了，快<u>收好</u>吧！
Zhè zhāng cǎipiào zhēnshi gè xìngyùnfú, qiānwàn bié diū le, kuài shōuhǎo ba!
이 복권은 정말 행운의 부적이야. 절대 잃어버리지 말고, 어서 잘 보관해!

③ 你的秘密请<u>收好</u>，别让别人知道！
Nǐ de mìmì qǐng shōuhǎo, bié ràng biérén zhīdào!
네 비밀을 잘 지켜, 다른 사람들이 알지 못하도록.

5 不管 bùguǎn

'~에 관계없이', '~을 막론하고'라는 뜻으로, 때로 뒷 절에 '都', '也' 등과 호응하여 사용하기도 한다.

① <u>不管</u>市场怎么变化，我们的核心价值观不会变。
Bùguǎn shìchǎng zěnme biànhuà, wǒmen de héxīn jiàzhíguān búhuì biàn.
시장이 어떻게 변하든, 우리의 핵심 가치관은 변하지 않을 것이다.

② <u>不管</u>面对多大的困难，我们都不会放弃。
Bùguǎn miànduì duō dà de kùnnán, wǒmen dōu búhuì fàngqì.
얼마나 큰 어려움에 직면하든, 우리는 절대 포기하지 않을 것이다.

③ <u>不管</u>天气多么恶劣，救援工作都不会停止。
Bùguǎn tiānqì duōme èliè, jiùyuán gōngzuò dōu búhuì tíngzhǐ.
날씨가 아무리 나쁘더라도, 구조 작업은 멈추지 않을 것이다.

6 不敢 bùgǎn

'감히~할 수 없다', '어찌 감히~할 수 있겠느냐', '어떻게~할 수 있겠습니까'라는 뜻으로, 상대방에 대한 존중과 자신의 겸양을 나타낼 수 있다.

① **在公众场合，她总是不敢发表自己的意见。**
Zài gōngzhòng chǎnghé, tā zǒngshì bùgǎn fābiǎo zìjǐ de yìjiàn.
공공장소에서 그녀는 항상 자신의 의견을 감히 발표하지 못한다.

② **在重要会议上，他不敢发表不同意见。**
Zài zhòngyào huìyì shàng, tā bùgǎn fābiǎo bùtóng yìjiàn.
중요한 회의에서, 그는 감히 다른 의견을 발표하지 못한다.

③ **他不敢告诉父母自己辞职的事情。**
Tā bùgǎn gàosu fùmǔ zìjǐ cízhí de shìqíng.
그는 부모님께 자신이 사직한 사실을 감히 말하지 못한다.

연습문제

1. 본문의 내용에 근거하여 괄호 안에 들어갈 글자를 채우시오.

1) 电影《失孤》是著名编剧彭三源的导演处(　　　)作。

2) 两人(　　　)寻找的路上也产生了父子般的情谊。

3) 中间穿(　　　)了一个母亲失女后因等待无果跳江自杀的小悲剧。

4) 高速路上不许(　　　)摩托车你不知道吗?

5) 看路标一直(　　　)南走。

6) 你养父母(　　　)你好吗?

7) 我一直就知(　　　)我不是他们的孩子。

8) 班(　　　)还有好多女生追我呢。

9) 谈(　　　)爱也不能结婚。

10) 不知道他是不是有考试(　　　)格。

2. 다음 문장을 중국어로 옮기시오.

1) 기술 결함으로 인해 항공편이 어쩔 수 없이 취소되었다.

➜

2) 그녀는 회의실로 가서 회의를 준비하고 있다.

➜

3) 네 비밀을 잘 지켜, 다른 사람들이 알지 못하도록.

➜

4) 얼마나 큰 어려움에 직면하든, 우리는 절대 포기하지 않을 것이다.

➜

5) 공공 장소에서 그녀는 항상 자신의 의견을 감히 발표하지 못한다.

➜

3. 다음 문장을 해석하시오.

1) 科学家们表示，新的疫苗已进入临床试验阶段。

➜

2) 因连续暴雨，多个城市发生洪涝灾害。

➔

3) 股市往上走了，投资者都很高兴。

➔

4) 这本书非常珍贵，请收好，不要让它丢失。

➔

5) 不管天气多么恶劣，救援工作都不会停止。

➔

MEMO

电影(三)

본문 1. 我不是药神(2018)

电影《我不是药神》是文牧野导演的处女作，于2018年7月6日正式上映，它是一部以社会矛盾为题材的电影。影片主要讲述一个开印度神油店的店主程勇从开始代购印度的药品的敛财之道到良心发现变为一个为病人买药**几乎**散尽家财的'药神'的故事。

主人公程勇从自私敛财到无私的散尽自己的财产，为白血病人努力与生命做抗争。在最后自己因犯罪抓起来时，大家集体请愿，最终情大于法。电影一经上映之后，引起社会的广泛关注，**除了**获得高票房**以外**，给社会舆论以及医保措施都带来了一些影响。

Diànyǐng《Wǒ bùshì yàoshén》shì Wénmùyě dǎoyǎn de chǔnǚzuò, yú èrlíngyībā nián qī yuè liù rì zhèngshì shàngyìng, tā shì yí bù yǐ shèhuì máodùn wéi tícái de diànyǐng. Yǐngpiàn zhǔyào jiǎngshù yí gè kāi Yìndù shényóudiàn de diànzhǔ Chéngyǒng cóng kāishǐ dàigòu Yìndù de yàopǐn de liǎncái zhī dào dào liángxīn fāxiàn biànwéi yí gè wéi bìngrén mǎi yào jīhū sàn jǐn jiācái de 'yàoshén' de gùshì.

Zhǔréngōng Chéngyǒng cóng zìsī liǎncái dào wúsī de sàn jǐn zìjǐ de cáichǎn, wèi báixuèbìng rén nǔlì yǔ shēngmìng zuò kàngzhēng. Zài zuìhòu zìjǐ yīn fànzuì zhuā qǐlái shí, dàjiā jítǐ qǐngyuàn, zuìzhōng qíng dàyú fǎ. Diànyǐng yìjīng shàngyìng zhī hòu, yǐnqǐ shèhuì de guǎngfàn guānzhù, chúle huòdé gāo piàofáng yǐwài, gěi shèhuì yúlùn yǐjí yībǎo cuòshī dōu dàilái le yìxiē yǐngxiǎng.

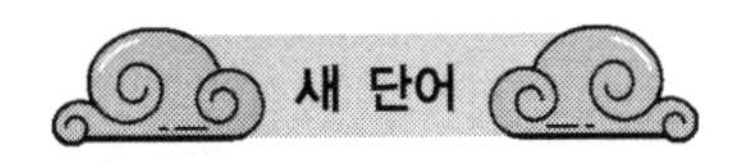

药神 yàoshén　　약신.

文牧野 Wénmùyě　　문목야[인명(人名)].

上映 shàngyìng	(영화를) 상영하다.
矛盾 máodùn	모순.
影片 yǐngpiàn	영화(필름).
印度 Yìndù	인디아[India].
神油店 shényóudiàn	신유점. 오일[oil]가게.
店主 diànzhǔ	점주. 가게 주인.
程勇 Chéngyǒng	정용[인명(人名)].
代购 dàigòu	대리 구입(하다).
药品 yàopǐn	약품.
敛财 liǎncái	재물을 긁어모으다[착취하다].
良心 liángxīn	양심.
散 sàn	(흩)뿌리다. 나누어 주다.
尽 jǐn	다 없어지다. 다하다.
家财 jiācái	집 재산. 가산.
自私 zìsī	이기적이다.
财产 cáichǎn	재산. 자산.
白血病 báixuèbìng	백혈병.
抗争 kàngzhēng	항쟁(하다).
犯罪 fànzuì	범죄.
请愿 qǐngyuàn	청원하다.

大于 dàyú	~보다 중요하다. ~보다 크다.
引起 yǐnqǐ	(주의를) 끌다. 야기하다. (사건 등을) 일으키다.
广泛 guǎngfàn	광범(위)하다. 폭넓다.
关注 guānzhù	관심(을 가지다). 배려(하다).
票房 piàofáng	흥행 수입. 흥행 성적.
舆论 yúlùn	여론.
医保 yībǎo	의료보험[=医疗保险 yīliáo bǎoxiǎn].
措施 cuòshī	조치(하다). 대책. 시책(을 행하다).

본문 2. 场景(一)

1. 别动
   Biédòng

2. 不许动，蹲下
   Bùxǔ dòng, dūnxià

3. 我要提醒审判庭注意
   Wǒ yào tíxǐng shěnpàntíng zhùyì

4. 是诺瓦公司救了慢粒白血病人
   Shì Nuòwǎ gōngsī jiù le mànlì báixiěbìng rén

5. 不是印度仿制药
   Búshì Yìndù fǎngzhìyào

6. 更不是被告
   Gèng búshì bèigào

7. 被告的行为
   Bèigào de xíngwéi

8. 导致了全国性的假药泛滥
   Dǎozhì le quánguóxìng de jiǎyào fànlàn

9. 严重违反了国际版权法
   Yánzhòng wéifǎn le guójì bǎnquánfǎ

10. 被告人必须予以严惩
Bèigàorén bìxū yǔyǐ yánchéng

11. 我的陈述完了
Wǒ de chénshù wán le

12. 辩方律师
Biànfāng lǜshī

13. 我的当事人虽然触犯了法律法规
Wǒ de dāngshìrén suīrán chùfàn le fǎlǜ fǎguī

14. 但是一年多来有近千名的慢粒白血病人
Dànshì yìnián duō lái yǒu jìn qiānmíng de mànlì báixiěbìng rén

15. 是通过他代购的药 保住了生命
Shì tōngguò tā dàigòu de yào bǎozhù le shēngmìng

16. 格列宁在全球的定价
Gélièníng zài quánqiú de dìngjià

17. 如此高昂
Rúcǐ gāo'áng

18. 多少病人倾家荡产也负担不起
Duōshǎo bìngrén qīngjiā dàngchǎn yě fùdān bù qǐ

19. 试问他们这样定价
Shìwèn tāmen zhèyàng dìngjià

20. 真的合理吗
Zhēnde hélǐ ma

21. 我们必须要清楚
Wǒmen bìxū yào qīngchu

22. 程勇的主观意愿是救人
Chéngyǒng de zhǔguān yìyuàn shì jiùrén

23. 而非盈利
Ér fēiyínglì

24. 我的陈述完了
Wǒ de chénshù wán le

25. 被告
Bèigào

26. 你有什么想说的吗
Nǐ yǒu shénme xiǎng shuō de ma

27. 如果没有的话 我们休庭十分钟
Rúguǒ méiyǒu de huà wǒmen xiūtíng shí fēnzhōng

28. 之后会宣布审判结果
Zhīhòu huì xuānbù shěnpàn jiéguǒ

29. 我犯了法
Wǒ fàn le fǎ

30. 该怎么判
Gāi zěnme pàn

31. 我都没话讲
Wǒ dōu méi huà jiǎng

32. 但是
Dànshì

33. 看着这些病人
Kàn zhe zhè xiē bìngrén

34. 我心里难过
Wǒ xīnli nánguò

35. 他们吃不起进口的天价药
Tāmen chī bu qǐ jìnkǒu de tiānjiàyào

36. 他们就只能等死
Tāmen jiù zhǐnéng děng sǐ

37. 甚至是自杀
Shènzhì shì zìshā

38. 不过
Búguò

39. 我相信今后会越来越好的
Wǒ xiāngxìn jīnhòu huì yuè lái yuè hǎo de

40. 希望这一天能早一点到吧
Xīwàng zhè yìtiān néng zǎo yìdiǎn dào ba

41. 跟小澍说
Gēn XiǎoShù shuō

42. 他爸爸不是坏人
Tā bàba bú shì huàirén

43. 多谢
Duōxiè

44. 开慢一点
Kāi màn yìdiǎn

45. 本庭宣判
Běntíng xuānpàn

46. 被告人程勇
Bèigàorén Chéngyǒng

47. 犯走私罪
Fàn zǒusīzuì

48. 销售假药罪
Xiāoshòu jiǎyàozuì

49. 犯罪证据充足
Fànzuì zhèngjù chōngzú

50. 犯罪事实成立
Fànzuì shìshí chénglì

51. 同时
Tóngshí

52. 对程勇帮助病人
Duì Chéngyǒng bāngzhù bìngrén

53. 购买违禁药物的行为
Gòumǎi wéijìn yàowù de xíngwéi

54. <u>给予</u>一定程度的理解
Jǐyǔ yídìng chéngdù de lǐjiě

55. 综上
Zōngshàng

56. 判处被告人程勇
Pànchǔ bèigàorén Chéngyǒng

57. 有期徒刑
Yǒuqī túxíng

58. 五年
Wǔnián

蹲下 dūnxià	웅크리고 앉다.
审判庭 shěnpàntíng	재판정. 법정.
诺瓦公司 Nuòwǎ gōngsī	노바티스[Novartis] 회사.
慢粒白血病 mànlì báixuèbìng	만성 골수 백혈병.
仿制药 fǎngzhìyào	복제약.
被告 bèigào	피고(인).
泛滥 fànlàn	범람하다.
违反 wéifǎn	위반하다. 위반되다.

国际版权法 guójì bǎnquánfǎ 국제 저작권법.

予以 yǔyǐ ~을 주다. ~되다.

严惩 yánchéng 엄벌에 처하다.

陈述 chénshù 진술(하다).

辩方 biànfāng 피고.

律师 lǜshī 변호사.

当事人 dāngshìrén 소송 당사자.

触犯 chùfàn (법 따위에) 저촉되다. 위반하다. 범하다.

法律 fǎlǜ 법률.

法规 fǎguī 법규.

保住 bǎozhù 확보하다. 지켜내다.

格列宁 Gēlièníng 글리벡.

高昂 gāo'áng 높이 들다. 의기양양하다.

倾家荡产 qīngjiā dàngchǎn 가산을 탕진하다.

负担不起 fùdān bù qǐ 부담스럽다. 감당하기 어렵다.

试问 shìwèn 시험 삼아 묻다. 물어보다.

定价 dìngjià 정가.

合理 hélǐ 도리에 맞다. 합리적이다.

意愿 yìyuàn 소원. 염원.

非盈利 fēiyínglì 비영리. 재산상의 이익을 꾀하지 않음.

休庭 xiūtíng	휴정하다.
宣布 xuānbù	선포하다.
天价 tiānjià	최고가.
小澍 XiǎoShù	소주[인명(人名)].
走私罪 zǒusīzuì	밀수죄.
销售 xiāoshòu	팔다. 판매하다.
证据 zhèngjù	증거.
充足 chōngzú	충분하다[주로 구체적인 사물에 쓰임].
违禁药物 wéijìn yàowù	금지 약물(약품).
综上 zōngshàng	종합하다.
有期徒刑 yǒuqī túxíng	유기 징역.

본문 3. 场景(二)

A: 你有听说过《失落的魔法书》吗?
Nǐ yǒu tīngshuō guo《Shīluò de Mófǎshū》ma?
讲述了一个年轻巫师寻找古老魔法的冒险故事。
Jiǎngshù le yí gè niánqīng wūshī xúnzhǎo gǔlǎo mófǎ de màoxiǎn gùshì.

B: 听说过!
Tīngshuō guo!
这部电影融合了魔法和奇幻元素，非常吸引人。
Zhè bù diànyǐng rónghé le mófǎ hé qíhuàn yuánsù, fēicháng xīyǐn rén.

A: 对，特别是电影里的魔法世界设计得很精美，
Duì, tèbié shì diànyǐngli de mófǎ shìjiè shèjì de hěn jīngměi,
还有很多惊险的场面。
háiyǒu hěn duō jīngxiǎn de chǎngmiàn.

B: 听起来真的很精彩! 我们找个时间一起去看吧。
Tīngqǐlái zhēnde hěn jīngcǎi! Wǒmen zhǎo ge shíjiān yìqǐ qù kàn ba.

A: 好主意! 这个周末怎么样?
Hǎo zhǔyi! Zhège zhōumò zěnmeyàng?

B: 完美! 那就周末见吧。
Wánměi! Nà jiù zhōumò jiàn ba.

새 단어

失落 shīluò	잃어버리다. 상실하다.
魔法书 mófǎshū	마법서. 마법 책.
巫师 wūshī	마법사. 주술사.
古老 gǔlǎo	고대의. 오래된.
冒险 màoxiǎn	모험(하다).
奇幻 qíhuàn	판타지. 환상적인.
元素 yuánsù	요소.
惊险 jīngxiǎn	긴장감 넘치는. 위험한.

구문 설명

1 几乎 jīhū

'거의'라는 뜻으로, 사건이나 상태가 일어날 가능성이 매우 높음을 나타내지만, 실제로 일어나지 않았거나 아주 근접한 상태를 설명할 때 사용한다.

① **疫情期间，许多企业的营业额几乎降到零。**
Yìqíng qījiān, xǔduō qǐyè de yíngyè'é jīhū jiàng dào líng.
팬데믹 기간 동안 많은 기업의 매출이 거의 제로에 가까워졌다.

② **由于全球供应链中断，许多制造业公司几乎停产。**
Yóuyú quánqiú gòngyìngliàn zhōngduàn, xǔduō zhìzàoyè gōngsī jīhū tíngchǎn.
전 세계 공급망 중단으로 인해 많은 제조업체들이 거의 생산을 중단했다.

③ **他在比赛中几乎打破了自己的纪录，只差了几秒钟。**
Tā zài bǐsài zhōng jīhū dǎpò le zìjǐ de jìlù, zhǐ chà le jǐ miǎo zhōng.
그는 경기에서 자신의 기록을 거의 깰 뻔했지만 몇 초 차이로 실패했다.

2 除了 chúle ~ (以)外 (yǐ)wài

'~이외에도', '~을 제외하고는'이라는 뜻으로, 주로 뒷 절에 '都', '也', '还'가 따라온다.

① **除了政府支持的企业以外，很多小型企业都面临困境。**
Chúle zhèngfǔ zhīchí de qǐyè yǐwài, hěnduō xiǎoxíng qǐyè dōu miànlín kùnjìng.
정부 지원을 받는 기업을 제외하고, 많은 소규모 기업들이 어려움에 직면해 있다.

② **除了提高员工福利外，公司还计划扩大国际市场。**
Chúle tígāo yuángōng fúlì wài, gōngsī hái jìhuà kuòdà guójì shìchǎng.
직원 복지를 제고하는 것 외에, 회사는 국제 시장을 확대할 계획이다.

③ **除了支持本地企业外，政府还鼓励外国投资者进入市场。**
Chúle zhīchí běndì qǐyè wài, zhèngfǔ hái gǔlì wàiguó tóuzīzhě jìnrù shìchǎng.
현지 기업을 지원하는 것 외에, 정부는 외국 투자자들의 시장 진입도 장려하고 있다.

3 予以 yǔyǐ

'~을 주다', '~을 부여하다'라는 뜻으로, 어떤 행위나 결과를 특정 대상을 위해서 할 때 사용한다. 주로 공식 문서나 문어체에 사용하는 표현이다.

① **政府决定予以补贴，以支持受灾地区的恢复工作。**
Zhèngfǔ juédìng yǔyǐ bǔtiē, yǐ zhīchí shòuzāi dìqū de huīfù gōngzuò.
정부는 피해 지역의 복구 작업을 지원하기 위해 보조금을 지급하기로 결정했다.

② **该公司将予以奖励表现优异的员工。**
Gāi gōngsī jiāng yǔyǐ jiǎnglì biǎoxiàn yōuyì de yuángōng.
이 회사는 뛰어난 성과를 보인 직원들에게 보상을 줄 예정이다.

③ **政府将对贫困家庭予以财政援助。**
Zhèngfǔ jiāng duì pínkùn jiātíng yǔyǐ cáizhèng yuánzhù.
정부는 빈곤 가정에 재정 지원을 할 예정이다.

4 给予 jǐyǔ

'주다', '부여하다'라는 뜻으로, 어떤 대상에게 무엇인가를 주거나 부여할 때 사용한다.

① **学校给予了优秀学生奖学金以激励他们继续努力。**
Xuéxiào jǐyǔ le yōuxiù xuéshēng jiǎngxuéjīn yǐ jīlì tāmen jìxù nǔlì.
학교는 우수학생장학금을 부여하여 그들이 계속 노력하도록 격려했다.

② **观众<u>给予</u>了获奖者祝贺的掌声。**
Guānzhòng jǐyǔ le huòjiǎngzhě zhùhè de zhǎngshēng.
관중들은 수상자에게 축하의 박수를 보냈다.

③ **他向我家<u>给予</u>了很多经济资助。**
Tā xiàng wǒjiā jǐyǔ le hěn duō jīngjì zīzhù.
그는 우리 가족에게 경제적으로 많은 도움을 주었다.

연습문제

1. 본문의 내용에 근거하여 괄호 안에 들어갈 글자를 채우시오.

1) 电影《我不是药神》是文牧野导(   )的处女作。

2) 它是一(   )以社会矛盾为题材的电影。

3) 影片主要讲述一个开印度神油店的店主程勇从开始代购印度的药品的敛财之道到良心发现变为一个为病人买药几(   )散尽家财的'药神'的故事。

4) 主人(   )程勇从自私敛财到无私的散尽自己的财产，为白血病人努力与生命做抗争。

5) 在最后自己因犯(   )抓起来时，大家集体请愿，最终情大于法。

6) 电影一经上映之后，引(   )社会的广泛关注，除了获得高票房以外，给社会舆论以及医保措施都带来了一些影响。

7) 你有什(   )想说的吗?

8) 他们吃不(　　　)进口的天价药。

9) 讲述了一个年轻巫师寻找古老魔法的冒(　　　)故事。

10) 听起来真的很精(　　　)!

2. 다음 문장을 중국어로 옮기시오.

1) 시간 맞춰서 함께 보러 가자.

➡

2) 팬데믹 기간 동안 많은 기업의 매출이 거의 제로에 가까워졌다.

➡

3) 직원 복지를 개선하는 것 외에, 회사는 국제 시장을 확대할 계획이다.

➡

4) 정부는 빈곤 가정에 재정 지원을 할 예정이다.

➡

5) 관중들은 수상자에게 축하의 박수를 보냈다.

➡

3. 다음 문장을 해석하시오.

1) 这部电影融合了魔法和奇幻元素，非常吸引人。

➡

2) 他在比赛中几乎打破了自己的纪录，只差了几秒钟。

➡

3) 除了支持本地企业外，政府还鼓励外国投资者进入市场。

➡

4) 该公司将予以奖励表现优异的员工。

➡

5) 他向我家给予了很多经济资助。

➡

广告

본문 1. 帮妈妈洗脚

时间 Shíjiān : **45秒** Sìshíwǔ miǎo

主题 Zhǔtí : **爱心传递孝敬父母** Àixīn chuándì xiàojìng fùmǔ

镜头一: (近景) 孩子的脚在水盆中，一双大手在给孩子洗脚。

镜头二: 孩子的母亲给孩子一边擦脚一边讲故事。母亲说:“小鸭子游啊游游上了岸。”

镜头三: (镜头俯视) 孩子快乐地在床上打滚，笑声十分欢乐。

镜头四: 母亲转身开门欲出去，并对孩子说:“你自己看妈妈待会儿再给你讲。”

镜头五: 孩子躺在床上看书。

镜头六: 母亲拎着一桶水进了另一个房间。

镜头七: 孩子很好奇，就紧跟着也出了门。

镜头八: 孩子的母亲正蹲着在给孩子的奶奶洗脚(镜头由远及近)，奶奶说:“忙了一天了。”

镜头九: 奶奶捋了捋孩子母亲的头发，(镜头是那个母亲的脸部特写)，奶奶继续说道:“歇一会儿吧。”
孩子的母亲笑了一笑说:“不累。”

镜头十: (切换至孩子的近景) 孩子依在门边看着这一切。

镜头十一: 孩子的母亲舀着水给奶奶洗脚，(镜头由下而上)，
(镜头给了奶奶特写)，奶奶轻轻叹了口气，
同时孩子的母亲说:“妈，烫烫脚对您的腿有好处。”

镜头十二: (孩子脸部特写) 孩子看到这番情景以后，转身跑了出去。

镜头十三：孩子的母亲回到孩子房间打开门一看，孩子不在房间里，房间里的风铃也叮呤作响。母亲好像听到孩子的声音了，便回头看去。
镜头十四：这时，孩子端着一盆水由远及近走来。(镜头速度放慢)
镜头十五：(镜头给了孩子近景特写) 孩子笑逐颜开地说："妈妈，洗脚。"
镜头十六：孩子的母亲露出了欣慰的笑容。(母亲脸部特写) 38'时画外音起。
镜头十七：镜头转换。

Jìngtóu yī: (jìnjǐng) Háizi de jiǎo zài shuǐpén zhōng, yì shuāng dàshǒu zài gěi háizi xǐjiǎo.
Jìngtóu èr: Háizi de mǔqīn gěi háizi yìbiān cājiǎo yìbiān jiǎng gùshì. Mǔqīn shuō: "Xiǎo yāzi yóu a yóu yóu shàng le àn."
Jìngtóu sān: (jìngtóu fǔshì) Háizi kuàilè de zài chuáng shàng dǎgǔn, xiàoshēng shífēn huānlè.
Jìngtóu sì: Mǔqīn zhuǎnshēn kāimén yù chūqù, bìng duì háizi shuō: "Nǐ zìjǐ kàn, māma dàihuìr zài gěi nǐ jiǎng."
Jìngtóu wǔ: Háizi tǎng zài chuáng shàng kàn shū.
Jìngtóu liù: Mǔqīn lǐng zhe yì tǒng shuǐ jìn le lìng yí gè fángjiān.
Jìngtóu qī: Háizi hěn hǎoqí, jiù jǐngēn zhe yě chū le mén.
Jìngtóu bā: Háizi de mǔqīn zhèng dūn zhe zài gěi háizi de nǎinai xǐjiǎo (jìngtóu yóu yuǎn jí jìn), nǎinai shuō: "Máng le yìtiān le."
Jìngtóu jiǔ: Nǎinai lǚ le lǚ háizi mǔqīn de tóufa, (jìngtóu shì nàge mǔqīn de liǎnbù tèxiě), nǎinai jìxù shuōdao: "Xiē yíhuìr ba."
Háizi de mǔqīn xiào le yí xiào shuō: "Bú lèi."
Jìngtóu shí: (qiēhuàn zhì háizi de jìnjǐng) Háizi yī zài ménbiān kàn zhe zhè yíqiè.
Jìngtóu shíyī: Háizi de mǔqīn yǎo zhe shuǐ gěi nǎinai xǐjiǎo,
(jìngtóu yóu xià ér shàng), (jìngtóu gěi le nǎinai tèxiě),
nǎinai qīngqing tàn le kǒuqì,
Tóngshí háizi de mǔqīn shuō: "Mā, tàngtang jiǎo duì nín de tuǐ yǒu hǎochù."
Jìngtóu shí'èr: (háizi liǎnbù tèxiě) Háizi kàndào zhè fān qíngjǐng yǐhòu, zhuǎnshēn pǎo le chūqù.

Jìngtóu shísān: Háizi de mǔqīn huídào háizi fángjiān dǎkāi mén yí kàn, háizi bú zài fángjiān lǐ, fángjiān lǐ de fēnglíng yě dīnglīng zuòxiǎng. Mǔqīn hǎoxiàng tīngdào háizi de shēngyīn le, biàn huítóu kàn qù.
Jìngtóu shísì: Zhèshí, háizi duān zhe yì pén shuǐ yóu yuǎn jí jìn zǒulái. (Jìngtóu sùdù fàngmàn)
Jìngtóu shíwǔ: (Jìngtóu gěi le háizi jìnjǐng tèxiě) Háizi xiàozhú yánkāi de shuō: "Māma, xǐjiǎo."
Jìngtóu shíliù: Háizi de mǔqīn lòuchu le xīnwèi de xiàoróng. (Mǔqīn liǎnbù tèxiě) sānshí bā miǎo shí huàwàiyīn qǐ.
Jìngtóu shíqī: Jìngtóu zhuǎnhuàn.

새 단어

洗脚 xǐjiǎo 세족. 발을 씻다.

传递 chuándì 전(달)하다.

孝敬 xiàojìng 웃어른을 잘 섬기고 공경하다.

镜头 jìngtóu 렌즈. 장면. 화면. 신[scene].

水盆 shuǐpén (세숫)대야.

擦 cā 문지르다. 닦다.

岸 àn 언덕. (강)기슭.

俯视 fǔshì (높은 곳에서) 내려다보다.

打滚 dǎgǔn (데굴데굴) 구르다. 뒹굴다.

欲 yù 바야흐로 ~하려 하다.

拎 līn (손으로 물건을) 들다.

桶 tǒng 통(부피 단위).

好奇 hàoqí	호기심이 많다.
紧 jǐn	급박하다. 쉴 새 없다. 겨를이 없다.
蹲 dūn	쪼그리고 앉다. 웅크려 앉다.
捋 lǚ	(손으로) 쓰다듬다. 어루만지다.
特写 tèxiě	클로즈업[close-up].
切换 qiēhuàn	화면을 빠르게 바꾸다. 전환하다.
舀 yǎo	(국자·바가지 따위로) 푸다. 떠내다.
烫 tàng	(뜨거운 물에) 데우다.
番 fān	번. 차례. 바탕.
情景 qíngjǐng	정경. 장면.
风铃 fēnglíng	풍령. 처마 끝에 다는 작은 종.
叮呤 dīnglìng	쇠붙이 따위가 맞부딪치는 소리.
作响 zuòxiǎng	소리를 내다.
端 duān	두 손으로 가지런히 들다. 두 손으로 받쳐 들다(들어 나르다).
笑逐颜开 xiàozhú yánkāi	얼굴에 웃음꽃이 활짝 피다.
露出 lòuchu	노출하다. 나타내다. 드러내다.
欣慰 xīnwèi	기쁘고 안심되다. 기쁘고 위안이 되다.

본문 2. '善行无迹'系列

这一系列的公益广告主要讲述的是在社会环境中，与人为善，互相理解的相关内容。广告的内容和主旨都是呼吁人们多行善举，从身边小事做起帮助他人，不求回报的精神。这五篇分别从关爱他人、照顾他人、拯救他人、帮助他人、体谅他人方面进行善行主题的表达。而且，广告中善行者的善举目的并不在于获得被帮助者的感谢，而是默默无闻地做着善举，体现着善行于无迹之间的核心思想。

Zhè yí xìliè de gōngyì guǎnggào zhǔyào jiǎngshù de shì zài shèhuì huánjìng zhōng, yǔrén wéishàn, hùxiāng lǐjiě de xiāngguān nèiróng. Guǎnggào de nèiróng hé zhǔzhǐ dōu shì hūyù rénmen duō xíng shànjǔ, cóng shēnbiān xiǎoshì zuòqǐ bāngzhù tārén, bùqiú huíbào de jīngshén. Zhè wǔ piān fēnbié cóng guān'ai tārén, zhàogù tārén, zhěngjiù tārén, bāngzhù tārén, tǐliàng tārén fāngmiàn jìnxíng shànxíng zhǔtí de biǎodá. Érqiě, guǎnggào zhōng shànxíngzhě de shànjǔ mùdì bìng bú zàiyú huòdé bèi bāngzhùzhě de gǎnxiè, érshì mòmò wúwén de zuò zhe shànjǔ, tǐxiàn zhe shànxíng yú wú jì zhījiān de héxīn sīxiǎng.

序号	广告标题	时长	受益者	观念倡导者	叙事角度
1	留一盏灯温暖他人	0:59	环卫工人	留灯的妻子	关爱他人
2	有些温暖我们会用心看见	1:00	老年人	让座的女孩	敬老
3	帮助他人不需要是超人	1:00	溺水者们	自愿救助队	摇救生命
4	邻里一家用爱守望	1:00	残疾人士	邻居	邻里和睦
5	一种习惯的美丽	0:59	群众	群众	友善互助

xùhào	guǎnggào biāotí	shícháng	shòuyìzhě	guānniàn chàngdǎozhě	xùshì jiǎodù
yī	liú yì zhǎn dēng wēnnuǎn tārén	wǔshíjiǔ miǎo	huánwèi gōngrén	liúdēng de qīzǐ	guān'ài tārén
èr	yǒuxiē wēnnuǎn wǒmen huì yòngxīn kànjiàn	yì fēn	lǎoniánrén	ràngzuò de nǚhái	jìnglǎo
sān	bāngzhù tārén bù xūyào shì chāorén	yì fēn	nìshuǐzhěmen	zìyuàn jiùzhùduì	yáo jiù shēngmìng
sì	línlǐ yì jiā yòng ài shǒuwàng	yì fēn	cánjí rénshì	línjū	línlǐ hémù
wǔ	yì zhǒng xíguàn de měilì	wǔshíjiǔ miǎo	qúnzhòng	qúnzhòng	yǒushàn hùzhù

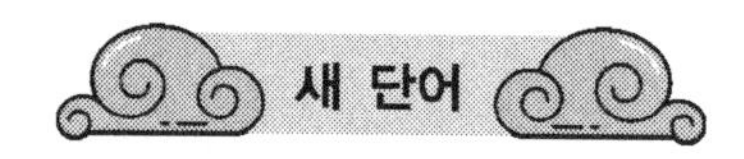

与人为善 yǔrén wéishàn	남에게 좋은 일을 하다, 선의로 남을 돕다.
主旨 zhǔzhǐ	취지.
善举 shànjǔ	자선 행위. 자선 사업.
回报 huíbào	보답하다. 남의 호의나 은혜를 갚다.
关爱 guānài	관심을 갖고 귀여워하다.
照顾 zhàogù	돌보다. 보살펴 주다.
拯救 zhěngjiù	구하다. 구제하다. 구조하다. 구출하다.
体谅 tǐliàng	알아주다. 양해하다. 이해하다.
默默无闻 mòmò wúwén	이름이 세상에 알려지지 않다.
体现 tǐxiàn	구현하다. 체현하다.
核心 héxīn	핵심. 중심.

序号 xùhào	순위. 순번.
标题 biāotí	표제. 제목.
受益者 shòuyìzhě	수혜자.
倡导者 chàngdǎozhě	창도자. 주창자.
盏 zhǎn	잔. 개[등 따위를 세는 단위].
环卫工人 huánwèi gōngrén	환경 미화원.
溺水 nìshuǐ	익수. 물에 빠지다.
自愿 zìyuàn	자원(하다).
救助队 jiùzhùduì	구조대.
摇 yáo	(손·머리·꼬리 등을) 흔들다.
守望 shǒuwàng	망보다. 지켜보다.
残疾人士 cánjí rénshì	장애인.
邻居 línjū	이웃. 이웃집. 이웃 사람.
邻里 línlǐ	동네(사람).
和睦 hémù	화목하다.
群众 qúnzhòng	군중. 민중. 일반 대중.
友善 yǒushàn	(친구간에) 사이가 좋다. 다정하다. 의좋다.
互助 hùzhù	서로 돕다.

본문 3. 春节回家篇

《春节回家篇》虽然讲述了四个'别人'的故事，却将每个中国人'回家团圆'的视觉印象都<u>调动</u>了起来。追赶飞机的脚步、机场相拥的笑泪、火车站排队买票的人潮、长途跋涉的辛苦、吃到饺子的满足、一家团圆的美满等等。从文化背景上讲，它们是中国人<u>自古</u>传承的特有的文化记忆，而从个人经历上讲，每一个离家的游子都曾亲身经历。

《Chūnjié huíjiā piān》 suīrán jiǎngshù le sì gè 'biérén' de gùshì, què jiāng měi gè Zhōngguórén 'huíjiā tuányuán' de shìjué yìnxiàng dōu diàodòng le qǐlái. Zhuīgǎn fēijī de jiǎobù, jīchǎng xiāngyōng de xiàolèi, huǒchēzhàn páiduì mǎipiào de réncháo, chángtú báshè de xīnkǔ, chīdào jiǎozi de mǎnzú, yìjiā tuányuán de měimǎn děngděng. Cóng wénhuà bèijǐng shàng jiǎng, tāmen shì Zhōngguórén zìgǔ chuánchéng de tèyǒu de wénhuà jìyì, ér cóng gèrén jīnglì shàng jiǎng, měi yí gè líjiā de yóuzi dōu céng qīnshēn jīnglì.

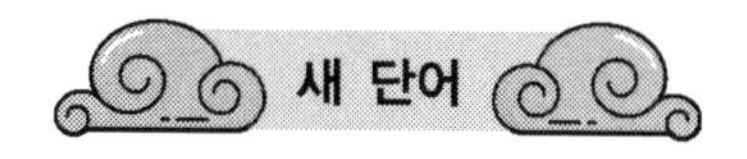

春节 chūnjié	음력설. 구정.
却 què	그러나. ~이기도 하지만.
将 jiāng	~으로(써).
团圆 tuányuán	한데 모이다. 함께 단란하게 지내다.
视觉 shìjué	시각.
印象 yìnxiàng	인상.

调动 diàodòng	동원하다. 옮기다. 이동하다.
追赶 zhuīgǎn	재촉하다. 몰아붙이다. 다그치다.
脚步 jiǎobù	발자취. 족적.
相拥 xiāngyōng	껴안다. 포옹하다.
笑泪 xiàolèi	웃음과 눈물.
人潮 réncháo	인파.
长途跋涉 chángtú báshè	대장정. 먼 길을 고생스럽게 가다.
自古 zìgǔ	자고로. 예로부터.
传承 chuánchéng	전수와 계승.
记忆 jìyì	기억(하다).
经历 jīnglì	경험(하다). 체험(하다).
游子 yóuzi	나그네. 뜨내기. 방랑자.

본문 4. 场景

A: 你最近有没有看到那个新出的化妆品广告?
Nǐ zuìjìn yǒu méiyǒu kàndào nàge xīn chū de huàzhuāngpǐn guǎnggào?

B: 看到了! 那个广告真的很吸引人,
Kàndào le! Nàge guǎnggào zhēnde hěn xīyǐn rén,
特别是强调保湿效果的部分。
tèbié shì qiángdiào bǎoshī xiàoguǒ de bùfen.

A: 对啊, 我看了之后都想试试了,
Duì a, wǒ kàn le zhīhòu dōu xiǎng shìshi le,
尤其是他们说的那些天然成分。
yóuqí shì tāmen shuō de nàxiē tiānrán chéngfèn.

B: 我也是!
Wǒ yě shì!
而且广告里的模特皮肤看起来好好, 真的很动心。
Érqiě guǎnggào lǐ de mótè pífū kàn qǐlái hǎo hǎo, zhēnde hěn dòngxīn.

A: 看来广告的效果真的很强,
Kànlái guǎnggào de xiàoguǒ zhēnde hěn qiáng,
我们都被种草了!
wǒmen dōu bèi zhòngcǎo le!

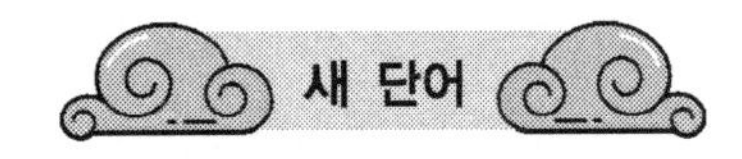

保湿 bǎoshī　　보습하다.

模特 mótè　　모델[model].

种草 zhòngcǎo　　솔깃하다. 어떤 말에 관심이나 생각이 쏠리다.
영업하다. 좋은 물건이나 장소 등을 추천하다.

구문 설명

1 一边 yìbiān ~ 一边 yìbiān ~

'~하면서'라는 뜻으로, 두 가지 동작이 동시에 일어남을 나타낸다.

① **一边**签订租房合同, **一边**确定了搬家日期。
Yìbiān qiāndìng zūfáng hétóng, yìbiān quèdìng le bānjiā rìqī.
전세계약을 하면서 이사할 날짜를 명시했다.

② 消防员们**一边**全力灭火，**一边**疏散人群。
Xiāofángyuánmen yìbiān quánlì mièhuǒ, yìbiān shūsàn rénqún.
소방관들은 진화에 진력을 다하면서 인파를 대피시켰다.

③ **一边**处理公事，**一边**处理私事，时间真不够用。
Yìbiān chǔlǐ gōngshì, yìbiān chǔlǐ sīshì, shíjiān zhēn bú gòuyòng.
공무를 처리하면서 사적인 일을 처리하니 시간이 정말 부족하다.

2 由 yóu ~ 而 ér ~

'由'는 '~에 의해', '~으로부터', '而'은 '그리고', '그래서'라는 뜻으로, 원인과 결과의 관계를 나타낸다. 일반적으로 특정 원인에 의해 어떤 결과가 발생하는 상황을 설명할 때 사용한다.

① **由**新冠疫情的爆发，**而**导致全球经济下滑。
Yóu xīnguān yìqíng de bàofā, ér dǎozhì quánqiú jīngjì xiàhuá.
코로나19의 발발로 인해 전 세계 경제가 하락하게 되었다.

② **由**人工智能的发展，**而**引发了对传统工作的担忧。
Yóu réngōng zhìnéng de fāzhǎn, ér yǐnfā le duì chuántǒng gōngzuò de dānyōu.
인공지능의 발전으로 인해 전통적인 일자리에 대한 우려가 발생했다.

③ 由环境污染而引发的健康问题日益严重。
Yóu huánjìng wūrǎn ér yǐnfā de jiànkāng wèntí rìyì yánzhòng.
환경오염으로 인해 발생하는 건강 문제가 점점 심각해지고 있다.

3 呼吁 hūyù

'호소하다', '간청하다'라는 뜻으로, 일반적으로 특정한 문제나 상황에 대해 사람들에게 주목하거나 행동을 촉구할 때 사용한다.

① 气候变化专家呼吁全球减少碳排放。
기후 변화 전문가들은 전 세계가 탄소 배출을 줄일 것을 호소합니다.
Qìhòu biànhuà zhuānjiā hūyù quánqiú jiǎnshǎo tàn páifàng.

② 市民呼吁政府将更多预算分配到老年人福利上。
Shìmín hūyù zhèngfǔ jiāng gèng duō yùsuàn fēnpèi dào lǎoniánrén fúlì shàng.
시민들은 정부에 더 많은 예산을 노인 복지에 할당할 것을 호소하고 있다.

③ 环保组织呼吁国际社会合作减少海洋污染。
Huánbǎo zǔzhī hūyù guójì shèhuì hézuò jiǎnshǎo hǎiyáng wūrǎn.
환경 단체는 해양 오염을 줄이기 위해 국제 사회의 협력을 호소하고 있다.

4 不在于 bùzàiyú

'~에 달려 있지 않다', '~에 없다'라는 뜻으로, 어떤 결과나 상황이 특정 요소에 의존하지 않음을 나타낼 때 사용한다.

① 成功不在于天赋，而在于努力。
Chénggōng bú zàiyú tiānfù, ér zàiyú nǔlì.
성공은 타고난 재능에 달려 있는 것이 아니라 노력에 달려 있다.

② **问题的解决<u>不在于</u>理论，而在于实践。**
Wèntí de jiějué bú zàiyú lǐlùn, ér zàiyú shíjiàn.
문제의 해결은 이론에 달려 있는 것이 아니라 실천에 달려 있다.

③ **幸福<u>不在于</u>物质财富，而在于心灵的满足。**
Xìngfú bú zàiyú wùzhì cáifù, ér zàiyú xīnlíng de mǎnzú.
행복은 물질적인 부에 달려 있는 것이 아니라 마음의 만족에 달려 있다.

5 调动 diàodòng

'동원하다', '이동하다', '(위치·용도·인원을) 옮기다'라는 뜻으로, '주어+调动+대상+목적' 또는 '주어+调动+자원[역량·인원]+到+목적지'형식으로 사용한다.

① **政府<u>调动</u>了大量资源以应对经济危机。**
Zhèngfǔ diàodòng le dàliàng zīyuán yǐ yìngduì jīngjì wēijī.
정부는 경제 위기에 대응하기 위해 대량의 자원을 동원했다.

② **公司<u>调动</u>了员工到新的项目组。**
Gōngsī diàodòng le yuángōng dào xīn de xiàngmùzǔ.
회사는 직원들을 새로운 프로젝트 팀으로 이동시켰다.

③ **政府<u>调动</u>了医疗资源以应对疫情的爆发。**
Zhèngfǔ diàodòng le yīliáo zīyuán yǐ yìngduì yìqíng de bàofā.
정부는 팬데믹의 폭발에 대응하기 위해 의료 자원을 동원했다.

6 自古 zìgǔ

'자고로', '예로부터'라는 뜻으로, 특정 사건이나 개념이 아주 오랫동안 존재해왔음을 나타낸다. 문맥상 전통적이거나 오래된 관습, 믿음, 역사적 사실 등을 강조할 때 쓰이며, '自古+주제/명사+서술 내용'형식으로 사용한다.

① **<u>自古</u>以来，良好的教育被视为改变命运的关键。**

Zìgǔ yǐlái, liánghǎo de jiàoyù bèi shì wéi gǎibiàn mìngyùn de guānjiàn.

오래전부터 좋은 교육은 운명을 바꾸는 열쇠로 여겨져 왔다.

② **<u>自古</u>以来，文化交流被视为国家繁荣的重要因素之一。**

Zìgǔ yǐlái, wénhuà jiāoliú bèi shì wéi guójiā fánróng de zhòngyào yīnsù zhī yī.

오래전부터 문화 교류는 국가 번영의 중요한 요소 중 하나로 여겨져 왔다.

③ **<u>自古</u>以来，艺术创作一直是个人表达情感和思想的途径。**

Zìgǔ yǐlái, yìshù chuàngzuò yìzhí shì gèrén biǎodá qínggǎn hé sīxiǎng de tújìng.

오래전부터 예술 창작은 개인의 감정과 생각을 표현하는 방법이다.

연습문제

1. 본문의 내용에 근거하여 괄호 안에 들어갈 글자를 채우시오.

1) 孩子的脚在水盆中，一(　　　)大手在给孩子洗脚。

2) 孩子快乐(　　　)在床上打滚，笑声十分欢乐。

3) 孩子躺(　　　)床上看书。

4) 妈，烫烫脚(　　　)您的腿有好处。

5) 孩子看到这(　　　)情景以后，转身跑了出去。

6) 孩子笑逐颜(　　　)地说："妈妈，洗脚。"

7) 这一系(　　　)的公益广告主要讲述的是在社会环境中，与人为善，互相理解的相关内容。

8) 广告的内容和主旨都是呼吁人们多行善举，(　　　)身边小事做起帮助他人，不求回报的精神。

9) 这五篇分别从关爱他人、照(　　　)他人、拯救他人、帮助他人、体谅他人方面进行善行主题的表达。

10) (　　　)文化背景上讲，它们是中国人自古传承的特有的文化记忆，而从个人经历上讲，每一个离家的游子都曾亲身经历。

2. 다음 문장을 중국어로 옮기시오.

1) 환경 오염으로 인해 발생하는 건강 문제가 점점 심각해지고 있다.

➡

2) 시민들은 정부에 더 많은 예산을 노인 복지에 할당할 것을 호소하고 있다.

➡

3) 성공은 타고난 재능에 달려 있는 것이 아니라 노력에 달려 있다.

➡

4) 회사는 직원들을 새로운 프로젝트 팀으로 이동시켰다.

➡

5) 오래전부터 좋은 교육은 운명을 바꾸는 열쇠로 여겨져 왔다.

➡

3. 다음 문장을 해석하시오.

1) 由新冠疫情的爆发，而导致全球经济下滑。

➡

2) 环保组织呼吁国际社会合作减少海洋污染。

➡

3) 幸福不在于物质财富，而在于心灵的满足。

➡

4) 政府调动了医疗资源以应对疫情的爆发。

➡

5) 自古以来，文化交流被视为国家繁荣的重要因素之一。

➡

MEMO

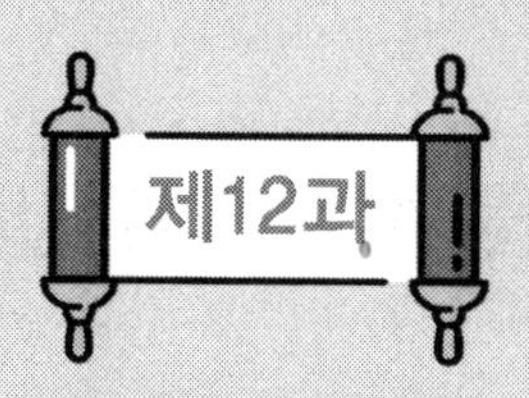

新闻

본문 1. 饲养员很有爱，用婴儿车推着海狮宝宝溜达

说到老爸带娃，推着婴儿车，推着宝宝在外边溜达，其实挺常见的哈。但是如果这婴儿车里面坐的不是婴儿，而是一只海狮宝宝。那个画风是不是就会变得有些不一样了呢？昨天来到上海海昌海洋公园的游客们看到了这样一幕奇特的景象，身穿蓝色工装的饲养员推着坐在婴儿车里的小海狮四处溜达。这只活泼可爱的小海狮，他不仅完全不怕生，还会像个黏人的宝宝一样，要求保育员亲亲抱抱，还得举高高。

上海海昌海洋公园海狮保育员丁学万："它每天要喝四次奶，然后呢，它那会也没有安全感，所以我全天都会陪着它，我会带它去办公室，带它去我们公园的其他角落里面去玩。然后照顾了它现在有十个月了吧。**作为**一个单身的海狮'爸爸'，我觉得挺开心的，也挺温暖的，就在我的人生记忆当中，会有一段这种经历，然后就把它当成女儿一样，就希望它健康快乐地长大就可以了。"

Shuōdào lǎobà dài wá, tuīzhe yīngérchē, tuī zhe bǎobao zài wàibiān liūdá, qíshí tǐng chángjiàn de hā. Dànshì rúguǒ zhè yīng'érchē lǐmiàn zuò de bú shì yīng'ér, érshì yì zhī hǎishī bǎobao. Nàge huàfēng shì bu shì jiù huì biàn de yǒuxiē bù yíyàng le ne? Zuótiān lái dào Shànghǎi Hǎichāng Hǎiyáng gōngyuán de yóukèmen kàndào le zhèyàng yí mù qítè de jǐngxiàng, shēn chuān lánsè gōngzhuāng de sīyǎngyuán tuī zhe zuò zài yīng'érchē lǐ de xiǎohǎishī sìchù liūdá. Zhè zhī huópō kě'ài de xiǎohǎishī, tā bùjǐn wánquán bú pàshēng, hái huì xiàng gè niánrén de bǎobao yíyàng, yāoqiú bǎoyùyuán qīnqin bàobao, hái děi jǔ gāogao.

Shànghǎi Hǎichāng Hǎiyáng Gōngyuán hǎishī bǎoyùyuán Dīngxuéwàn: "Tā měitiān yào hē sì cì nǎi, ránhòu ne, tā nà huì yě méiyǒu ānquángǎn, suǒyǐ wǒ quántiān dōu huì péi zhe tā, wǒ huì dài tā qù bàngōngshì, dài tā qù wǒmen gōngyuán de qítā jiǎoluò lǐmiàn qù wán. Ránhòu zhàogù le tā xiànzài yǒu shí gè yuè le ba. Zuòwéi yí gè dānshēn de hǎishī ‘bàba’, wǒ juéde tǐng kāixīn de, yě tǐng wēnnuǎn de, jiù zài wǒ de rénshēng jìyì dāngzhōng, huì yǒu yí duàn zhèzhǒng jīnglì, ránhòu jiù bǎ tā dàngchéng nǚ’ér yíyàng, jiù xīwàng tā jiànkāng kuàilè de zhǎngdà jiù kěyǐ le”.

새 단어

饲养员 sìyǎngyuán 사육사.

婴儿车 yīng’érchē 유모차.

推 tuī 밀다.

海狮 hǎishī 바다사자. 강치.

宝宝 bǎobao 착한(예쁜) 아기. 귀염둥이.

溜达 liūdá 산책하다. 어슬렁거리다.

幕 mù 경치·장면에 쓰이는 양사.

活泼 huópō 활발하다. 활기차다. 생동적이다.

怕生 pàshēng 낯가림하다.

黏人 niánrén 보채다.

保育员 bǎoyùyuán 보모[保母].

亲亲抱抱 qīnqin bàobao 뽀뽀하고 안아주다.

角落 jiǎoluò 구석. 모퉁이.

单身 dānshēn 홀몸. 독신.

본문 2. 云南超萌小象滑滑梯

下面我们再来看一段生活在云南西双版纳野象谷的小象 — 它的名字叫做'忆双'，下坡滑滑梯的视频。呆萌可爱的小象'忆双'跪在泥泞的山坡上，跐溜一下就滑下了山坡。这段视频<u>引发</u>网友关注，大家评价说，"小象太会玩了，这是真正的'象'皮擦"。

这段画面是当时工作人员在对小象'忆双'进行野化训练时抓拍到的。大象的寿命一般是60至70岁，2017年12月22日出生的'忆双'，就像个象群里的学龄前小朋友。

亚洲象种源繁育及救助中心工作人员周方易说："这个就是视频里滑滑梯的小象，它的名字叫'忆双'，是我们繁育中心出生的第五斗小象，今年3岁多。它是前几天它和妈妈一起去野外生存训练的时候，路过一个斜坡。因为下过雨之后，路面比较湿滑，就把后腿弯下去，一路滑了下来。"

此前，工作人员还曾拍摄到另外一头小象'羊妞'滑滑梯下山的画面。'羊妞'是在2015年被亚洲象种源繁育及救助中心救助的，当时它身患疾病，经过工作人员的精心救助，'羊妞'很快恢复了健康。

画面中，它不仅双腿跪地，趴在地上滑下山坡，还转换姿势，生动<u>展示</u>了什么是花式滑滑梯，十分调皮可爱。

Xiàmiàn wǒmen zài lái kàn yí duàn shēnghuó zài Yúnnán Xīshuāngbǎnnà yěxiànggǔ de xiǎoxiàng - tā de míngzi jiàozuò 'Yìshuāng', xiàpō huá huátī de shìpín. Dāiméng kě'ài de xiǎoxiàng 'Yìshuāng' guì zài nínìng de shānpō shàng, cāliū yíxià jiù huá xià le shānpō. Zhè duàn shìpín yǐnfā wǎngyǒu guānzhù, dàjiā píngjià shuō, "xiǎoxiàng tài huì wán le, zhè shì zhēnzhèng de ‘xiàng’pícā.”

Zhè duàn huàmiàn shì dāngshí gōngzuò rényuán zài duì xiǎoxiàng ‘Yìshuāng’ jìnxíng yěhuà xùnliàn shí zhuā pāidào de. Dàxiàng de shòumìng yìbān shì liùshí zhì qīshí suì, èrlíngyīqī nián shíèr yuè èrshíèr rì chūshēng de ‘Yìshuāng’, jiù xiàng gè xiàng qún lǐ de xuélíng qián xiǎopéngyou.

Yàzhōu xiàng zhǒngyuán fànyù jí jiùzhù zhōngxīn gōngzuò rényuán Zhōufāngyì shuō: “zhège jiùshì shìpín lǐ huá huátī de xiǎoxiàng, tā de míngzi jiào ‘Yìshuāng’, shì wǒmen fányù zhōngxīn chūshēng de dìwǔ tóu xiǎoxiàng, jīnnián sānsuì duō. Tā shì qián jǐtiān tā hé māma yìqǐ qù yěwài shēngcún xùnliàn de shíhou, lùguò yí gè xiépō. Yīnwèi xià guo yǔ zhīhòu, lùmiàn bǐjiào shīhuá, jiù bǎ hòutuǐ wān xiàqù, yílù huá le xiàlái.”

Cǐqián, gōngzuò rényuán hái céng pāishè dào lìngwài yì tóu xiǎoxiàng ‘Yángniū’ huá huátī xiàshān de huàmiàn. ‘Yángniū’ shì zài èrlíngyīwǔ nián bèi Yàzhōu xiàng zhǒngyuán fányù jí jiùzhù zhōngxīn jiùzhù de, dāngshí tā shēn huàn jíbìng, jīngguò gōngzuò rényuán de jīngxīn jiùzhù, ‘Yángniū’ hěn kuài huīfù le jiànkāng.

Huàmiàn zhōng, tā bùjǐn shuāngtuǐ guìdì, pā zài dìshàng huáxià shānpō, hái zhuǎnhuàn zīshì, shēngdòng zhǎnshì le shénme shì huāshì huá huátī, shífēn tiāopí kě’ài.

云南 Yúnnán	운남.
超萌 chāoméng	아주 귀엽다.
小象 xiǎoxiàng	아기 코끼리.
滑滑梯 huá huátī	미끄럼을 타다.
西双版纳 Xīshuāng bǎnnà	서쌍판납[지명(地名)].
野象谷 yěxiànggǔ	야생 코끼리 계곡.
忆双 Yìshuāng	억쌍[코끼리 이름].
下坡 xiàpō	비탈길(언덕길)을 내려가다.
视频 shìpín	동영상.
呆萌 dāiméng	사랑스러운.

跪 guì	무릎을 꿇다.
泥泞 nínìng	질퍽거리다. 진흙탕.
蹶溜 cīliū	미끄러지다.
皮擦 pícā	피부 마찰.
橡皮擦 xiàngpícā	지우개.
野化训练 yěhuà xùnliàn	야생훈련.
寿命 shòumìng	수명. 목숨. 생명.
学龄 xuélíng	학령. 취학 연령.
繁育 fányù	번식.
头 tóu	두. 마리.[소·당나귀·돼지 따위의 가축을 세는 단위]
斜坡 xiépō	비탈. 경사진 언덕.
湿滑 shīhuá	축축하고 미끄럽다.
拍摄 pāishè	촬영하다.
患 huàn	(병에) 걸리다. 앓다.
疾病 jíbìng	질병.
羊妞 Yángniū	양뉴[코끼리 이름].
恢复 huīfù	회복하다.
跪地 guìdì	땅에 무릎을 꿇다.
趴 pā	엎드리다.
转换 zhuǎnhuàn	바꾸다.

姿势 zīshì	자세.
生动 shēngdòng	생동감 있다. 생생하다.
花式 huāshì	변화가 다양하다.
滑梯 huátī	미끄럼대.
调皮 tiáopí	장난치다. 까불다.

본문 3. 送餐机器人走红，餐饮业加速智能化

疫情以来，无人化无接触的服务型机器人备受关注，越来越多的机器人出现在医院、餐厅、酒店等公共场所，代替人工完成重复性的工作。而<u>随着</u>春节临近，不少餐饮企业选择使用机器人应对用工荒难题，我们到现场去看一看。

位于深圳的这家火锅店，面积600平米，用餐高峰时段，30%以上的饮料、菜品配送均由两台机器人完成。除了点对点的送餐外，餐桌相对集中的区域，机器人将菜品送到桌前，服务员端菜上桌<u>即可</u>，不用往返前厅后厨，一个人就能值守整个片区，节约了时间和人力。日前，人社部发布的《2020年第四季度，全国招聘大于求职，最缺工的100个职业排行》中，餐厅服务员排名第五。事实上，去年疫情以来，招工难、无接触配送等因素，都催化了餐饮业的智能化转型。

从全市场来看，头部厂商的送餐机器人出货量已经超过一万台，而其中大部分产品都是在去年售出的。上海擎朗智能科技有限公司公关总监池晓敏："在用工高峰期的时候，我们一台机器人可以替代1.5到2个传菜员的工作。机器人租赁的话，一个月是3,000块钱。其实这样的话，可能不到人力成本的二分之一。"

Yìqíng yǐlái, wúrénhuà wújiēchù de fúwùxíng jīqìrén bèishòu guānzhù, yuè lái yuè duō de jīqìrén chūxiàn zài yīyuàn, cāntīng, jiǔdiàn děng gōnggòng chǎngsuǒ, dàitì réngōng wánchéng chóngfùxìng de gōngzuò. Ér suízhe Chūnjié línjìn, bùshǎo cānyǐn qǐyè xuǎnzé shǐyòng jīqìrén yìngduì yònggōnghuāng nántí, wǒmen dào xiànchǎng qù kàn yí kàn.

Wèiyú Shēnzhèn de zhè jiā huǒguōdiàn, miànjī liùbǎi píngmǐ, yòngcān gāofēng shíduàn, bǎi fēn zhī sānshí yǐshàng de yǐnliào, càipǐn pèisòng jūn yóu liǎng tái jīqìrén wánchéng. Chúle diǎnduìdiǎn de sòngcān wài, cānzhuō xiāngduì jízhōng de qūyù, jīqìrén jiāng càipǐn sòngdào zhuōqián, fúwùyuán duāncài shàngzhuō jíkě, búyòng wǎngfǎn qiántīng hòuchú, yí gè rén jiù néng zhíshǒu zhěnggè piànqū, jiéyuē le shíjiān hé rénlì. Rìqián, rénshèbù fābù de《Èrlíngèrlíng nián dìsì jìdù, quánguó zhāopìn dàyú qiúzhí, zuì quēgōng de yì bǎi gè zhíyè páiháng》zhōng, cāntīng fúwùyuán páimíng dìwǔ. Shìshíshàng, qùnián yìqíng yǐlái, zhāogōngnán, wújiēchù pèisòng děng yīnsù, dōu cuīhuà le cānyǐnyè de zhìnénghuà zhuǎnxíng.

Cóng quánshìchǎng lái kàn, tóubù chǎngshāng de sòngcān jīqìrén chūhuòliàng yǐjing chāoguò yí wàn tái, ér qízhōng dàbùfèn chǎnpǐn dōushì zài qùnián shòuchū de. Shànghǎi Qínglàng zhìnéng kējì yǒuxiàn gōngsī gōngguān zǒngjiān Chíxiǎomǐn: Zài yònggōng gāofēngqī de shíhou, wǒmen yì tái jīqìrén kěyǐ tìdài yì diǎn wǔ dào liǎng gè chuáncàiyuán de gōngzuò. Jīqìrén zūlìn de huà, yí gè yuè shì sānqiānkuài qián. Qíshí zhèyàng de huà, kěnéng búdào rénlì chéngběn de èr fēn zhī yī.

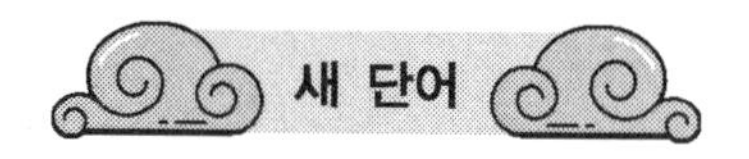

送餐 sòngcān	음식 배달.
机器人 jīqìrén	로봇.
走红 zǒuhóng	인기가 오르다. 유명해지다.
餐饮业 cānyǐnyè	요식업.
加速 jiāsù	가속하다. 속도를 늘리다.
智能化 zhìnénghuà	지능화하다.
疫情 yìqíng	전염병 발생 상황.
无人化 wúrénhuà	무인화.
无接触 wújiēchù	비대면. 사람과의 접촉을 지양하다.
备受 bèishòu	실컷 받다. 빠짐없이 받다.
公共场所 gōnggòng chǎngsuǒ	공공장소.

临近 línjìn	(시간·거리상) 접근하다. 근접하다.
应对 yìngduì	대응(대처)하다.
荒 huāng	(물자의) 결핍. 부족.
深圳 Shēnzhèn	심천[지명(地名)].
面积 miànjī	면적.
平米 píngmǐ	제곱미터. 평방미터.[=平方米 píngfāngmǐ]
用餐 yòngcān	식사를 하다.
高峰时段 gāofēng shíduàn	러시아워. 피크타임.
菜品 càipǐn	요리.
配送 pèisòng	배송.
均 jūn	모두. 다. 전체로.
点对点 diǎnduìdiǎn	차례차례로.
相对 xiāngduì	비교적. 상대적으로.
区域 qūyù	지역. 존[zone].
端菜 duāncài	음식을 나르다.
即可 jíkě	~하면 곧[바로] ~할 수 있다.
值守 zhíshǒu	당직을 서다. 지키다.
片区 piànqū	구역.
节约 jiéyuē	절약하다.
缺工 quē gōng	일손[노동력]이 모자라다.

排行 páiháng	랭킹[ranking]. 순위.
催化 cuīhuà	촉진시키다. 재촉하다.
头部厂商 tóubù chǎngshāng	주 공급업체.
出货量 chūhuòliàng	출하량. 출고 물량.
公关总监 gōngguān zǒngjiān	최고 홍보 책임자.
传菜员 chuáncàiyuán	음식을 나르는 종업원.
租赁 zūlìn	빌려 쓰다. 리스[lease].
成本 chéngběn	코스트[cost]. 어떤 재화를 생산하는 데 드는 비용.

본문 4. 场景

A: 最近新闻说，有人制作了世界上最大的比萨饼！
Zuìjìn xīnwén shuō, yǒurén zhìzuò le shìjiè shàng zuìdà de bǐsàbǐng!

B: 哇，真有趣！那这比萨饼有多大呢？
Wā, zhēn yǒuqù! Nà zhè bǐsàbǐng yǒu duōdà ne?

A: 它直径达到了1.8公里，重达2吨！
Tā zhíjìng dádào le yì diǎn bā gōnglǐ, zhòngdá liǎng dūn!

B: 这得花多少时间才能做完啊？
Zhè děi huā duōshǎo shíjiān cái néng zuòwán a?

A: 制作过程持续了48小时，整个过程都很复杂。
Zhìzuò guòchéng chíxù le sìshíbā xiǎoshí, zhěng gè guòchéng dōu hěn fùzá.

B: 听起来真是个大工程！
Tīng qǐlái zhēnshi gè dà gōngchéng!
他们用这些比萨饼做了什么呢？
Tāmen yòng zhèxiē bǐsàbǐng zuò le shénme ne?

A: 他们把比萨饼分发给了当地的慈善机构，
Tāmen bǎ bǐsàbǐng fēnfā gěi le dāngdì de císhàn jīgòu,
帮助了很多需要帮助的人。
bāngzhù le hěnduō xūyào bāngzhù de rén.

B: 这真是个令人开心的故事！
Zhè zhēnshi gè lìngrén kāixīn de gùshi!

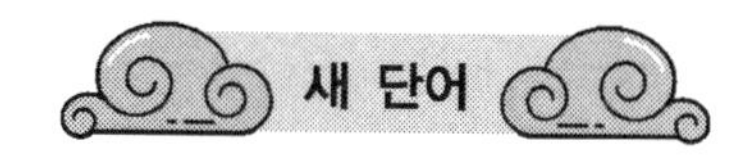

比萨饼 bǐsàbǐng　　피자.

慈善机构 císhàn jīgòu　　자선 기관(단체).

구문 설명

1 说到 shuōdào

'말하자면', '언급하자면'이라는 뜻으로, 대화나 글에서 특정 주제에 대해 언급하거나 설명할 때 사용한다.

① **说到**旅游，你最喜欢哪个国家?
Shuōdào lǚyóu, nǐ zuì xǐhuan nǎge guójiā?
여행 얘기가 나왔으니, 너는 어떤 나라를 제일 좋아해?

② **说到**健康饮食，保持均衡很重要。
Shuōdào jiànkāng yǐnshí, bǎochí jūnhéng hěn zhòngyào.
건강한 식사에 대해 말하자면, 균형을 유지하는 것이 중요하다.

③ **说到**电影，你最近看了什么好片?
Shuōdào diànyǐng, nǐ zuìjìn kàn le shénme hǎo piàn?
영화 얘기가 나왔으니, 너 최근에 어떤 좋은 영화 봤어?

2 作为 zuòwéi

'~로서', '~의 신분으로'라는 뜻으로, 일반적으로 명사나 직책 앞에 쓰여 그 명사나 직책의 역할이나 기능을 강조할 때 사용한다.

① **作为**全球经济的重要推动力，中国的市场前景吸引了大量投资者。
Zuòwéi quánqiú jīngjì de zhòngyào tuīdònglì, zhōngguó de shìchǎng qiánjǐng xīyǐn le dàliàng tóuzīzhě.
글로벌 경제의 중요한 추진력으로서, 중국의 시장 전망은 많은 투자자를 끌어들였다.

② **作为**一名教师，我非常重视学生的成长和发展。
Zuòwéi yì míng jiàoshī, wǒ fēicháng zhòngshì xuésheng de chéngzhǎng hé fāzhǎn.
교사로서, 나는 학생의 성장과 발전을 매우 중요하게 생각한다.

③ **作为**公司的负责人，他需要对公司的未来做出战略性的决策。
Zuòwéi gōngsī de fùzérén, tā xūyào duì gōngsī de wèilái zuòchū zhànlüèxìng de juécè.
회사의 책임자로서, 그는 회사의 미래에 대해 전략적인 결정을 내려야 한다.

3 引发 yǐnfā

'유발하다', '초래하다'라는 뜻으로, 어떤 사건이나 행동이 새로운 문제나 상황을 초래할 때 사용한다.

① 最近的金融市场波动**引发**了投资者对市场稳定性的担忧。
Zuìjìn de jīnróng shìchǎng bōdòng yǐnfā le tóuzīzhě duì shìchǎng wěndìngxìng de dānyōu.
최근의 금융 시장 변동이 투자자들로 하여금 시장 안정성에 대한 우려를 일으켰다.

② 国际贸易摩擦加剧**引发**了全球供应链的不稳定。
Guójì màoyì mócā jiājù yǐnfā le quánqiú gōngyìngliàn de bù wěndìng.
국제 무역 마찰의 심화가 전 세계 공급망의 불안을 초래했다.

③ 他的特殊口音和行为**引发**了我的好奇心。
Tā de tèshū kǒuyīn hé xíngwéi yǐnfā le wǒ de hàoqíxīn.
그의 특이한 말투와 행동이 나의 호기심을 자극했다.

4 展示 zhǎnshì

'전시하다', '보여주다', '발표하다'라는 뜻으로, 주로 무언가를 공개적으로 선보이거나 설명할 때 사용한다.

① 这篇文章**展示**了现代科技在日常生活中的应用。
Zhè piān wénzhāng zhǎnshì le xiàndài kējì zài rìcháng shēnghuó zhōng de yìngyòng.
이 글은 현대 기술이 일상생활에서 어떻게 적용되는지를 보여준다.

② 这家店铺<u>展示</u>了最新的家居设计趋势。
Zhè jiā diànpù zhǎnshì le zuìxīn de jiājū shèjì qūshì.
이 매장은 최신 가정생활 디자인 트렌드를 보여준다.

③ 博物馆正在<u>展示</u>稀有的恐龙化石。
Bówùguǎn zhèngzài zhǎnshì xīyǒu de kǒnglóng huàshí.
박물관은 희귀 공룡 화석을 전시하고 있다.

5 随着 suízhe

'~에 따라(서)'라는 뜻으로, 어떤 일이 진행됨에 따라 다른 일이 함께 변화하거나 발생하는 상황을 설명할 때 사용한다.

① <u>随着</u>疫情的缓解，经济活动逐渐恢复正常。
Suízhe yìqíng de huǎnjiě, jīngjì huódòng zhújiàn huīfù zhèngcháng.
전염병 상황이 완화됨에 따라, 경제 활동이 점차 정상으로 회복되고 있다.

② <u>随着</u>智能手机的普及，传统的相机市场也受到很大冲击。
Suízhe zhìnéng shǒujī de pǔjí, chuántǒng de xiàngjī shìchǎng yě shòudào hěn dà chōngjī.
스마트폰의 보급에 따라, 전통적인 카메라 시장도 큰 타격을 받았다.

③ <u>随着</u>电子书市场的扩大，越来越多的读者开始转向数字阅读。
Suízhe diànzǐshū shìchǎng de kuòdà, yuè lái yuè duō de dúzhě kāishǐ zhuǎnxiàng shùzì yuèdú.
전자책 시장의 확대에 따라, 점점 더 많은 독자들이 디지털 독서로 전환하고 있다.

6 即可 jíkě

'~하면 된다', '~만 있으면 된다'라는 뜻으로, 어떤 행동이나 조건이 충족되면 원하는 결과를 얻을 수 있음을 나타낼 때 사용한다.

① 只要按说明书上的步骤操作，<u>即可</u>完成安装。
Zhǐyào àn shuōmíngshū shàng de bùzhòu cāozuò, jíkě wánchéng ānzhuāng.
설명서에 있는 순서대로 조작만 하면, 설치가 완료된다.

② **在这里注册，<u>即可</u>享受一个月的免费试用期。**
Zài zhèlǐ zhùcè, jíkě xiǎngshòu yí gè yuè de miǎnfèi shìyòngqī.
여기에서 등록하면, 한 달 동안 무료 사용기간을 누릴 수 있다.

③ **使用我们的新应用程序，<u>即可</u>快速获取最新新闻。**
Shǐyòng wǒmen de xīnyìngyòng chéngxù, jíkě kuàisù huòqǔ zuìxīn xīnwén.
우리의 새로운 애플리케이션을 사용하면, 최신 뉴스를 빠르게 얻을 수 있다.

연습문제

1. 본문의 내용에 근거하여 괄호 안에 들어갈 글자를 채우시오.

1) 说到老爸带娃, (   )着婴儿车, 推着宝宝在外边溜达, 其实挺常见的哈。

2) 但是如果这婴儿车里面坐的不是婴儿, 而是一(   )海狮宝宝。

3) 昨天来到上海海昌海洋公园的游(   )们看到了这样一幕奇特的景象, 身穿蓝色工装的饲养员推着坐在婴儿车里的小海狮四处溜达。

4) 这只活泼可爱的小海狮, 他不仅完全不怕生, (   )会像个黏人的宝宝一样, 要求保育员亲亲抱抱, 还得举高高。

5) 下面我们再来看一段生活在云南西双版纳野象谷的小象 — 它的名字叫(   )'忆双', 下坡滑滑梯的视频。

6) 这段视(   )引发网友关注, 大家评价说, 小象太会玩了, 这是真正的'象'皮擦。

7) 这(　　　)画面是当时工作人员在对小象‘忆双’进行野化训练时抓拍到的。

8) 它的名字叫‘忆双’，是我们繁育中心出生的第五(　　　)小象，今年3岁多。

9) 疫情以来，无人化无接触的服务型机器人备受关注，越来越多的机(　　　)人出现在医院、餐厅、酒店等公共场所，代替人工完成重复性的工作。

10) 事实上，去年疫(　　　)以来，招工难、无接触配送等因素，都催化了餐饮业的智能化转型。

2. 다음 문장을 중국어로 옮기시오.

1) 여행 얘기가 나왔으니, 너는 어떤 나라를 제일 좋아해?

➔

2) 교사로서, 나는 학생의 성장과 발전을 매우 중요하게 생각한다.

➔

3) 그의 특이한 말투와 행동이 나의 호기심을 자극했다.

➔

4) 이 매장은 최신 가정생활 디자인 트렌드를 보여준다.

➡

5) 스마트폰의 보급에 따라, 전통적인 카메라 시장도 큰 타격을 받았다.

➡

3. 다음 문장을 해석하시오.

1) 说到健康饮食，保持均衡很重要。

➡

2) 最近的金融市场波动引发了投资者对市场稳定性的担忧。

➡

3) 博物馆正在展示稀有的恐龙化石。

➡

4) 随着电子书市场的扩大，越来越多的读者开始转向数字阅读。

➡

5) 在这里注册，即可享受一个月的免费试用期。

➡

본문 해석

제1과 유통 플랫폼(1)

본문 1. 홈페이지

(1) 순서1

① 무료 가입

(2) 순서2

① 가입을 환영합니다.
② 기존 계정이 있나요?
③ 등록하세요.
④ 휴대전화 번호 인증
⑤ 계정 정보 작성
⑥ 가입 성공
⑦ 상용 휴대전화 번호 사용 권장
⑧ 버튼을 클릭하고 인증 진행
⑨ 다음 단계
⑩ 기업 사용자 가입
⑪ 해외 사용자 가입

(3) 순서3

① (입력)형식 오류

(4) 순서4

① 휴대전화 인증번호
② 인증번호 입력
③ (인증번호) 다시 받기

(5) 순서5

① 인증번호를 받지 못할 수 있으니, 첫 자리에 '0'이나 '8' 등 장거리 지역번호는 입력하지 마십시오.

(6) 순서6

① 당신의 국가와 지역을 검색하세요.

(7) 순서7

① 인증이 끝나면, 이 휴대전화로 로그인하거나 비밀번호를 찾을 수 있습니다.

(8) 순서8

① 퍼즐로 인증 완성하기 ② (다른 퍼즐로) 바꾸기 ③ 오른쪽으로 밀어서 퍼즐 완성하기

(9) 순서9

① 인증번호 발송, 120초 내 입력 유효 ② 111초 후 다시 받기

본문 2. 문자메시지

인증번호는 561271이니, 등록 페이지에서 입력하고 가입하세요.

(1) 순서1

① 이 휴대전화는 인증번호 발송 횟수를 초과하였으니, 24시간 후에 다시 시도해 주세요.

(2) 순서2

① 사용자 이름(ID) ② 계정명과 로그인 이름 ③ 중문, 영문, 숫자, '–', '_'의 조합, 4~20개의 문자부호 권장

(3) 순서3

① 비밀번호 설정 ② 두 종류 또는 두 종류 이상의 문자부호 조합 권장 ③ 비밀번호 확인 ④ 비밀번호 재입력

(4) 순서4

① 아이디는 숫자로만 구성할 수 없으니, 다시 입력하세요. ② (높음) 당신의 비밀번호가 매우 안전합니다. ③ 즉시 가입

(5) 순서5

① 로그인 페이지, 설문조사. ② 「사이버 보안법」에 의거하여, 계정의 안전과 정상적인 사용을 보장받기 위해서는 신속하게 휴대폰 번호 인증을 하세요. 최신 버전 「경동 개인(정보) 보호 정책」이 이미 온라인상에 올라와 있어, 개인(정보) 보호에 한층 도움이 될 것입니다. ③ 경동은 어떤 이유로도 현금 계좌이체를 요구하지 않으니, 사기당하지 않도록 주의하세요. ④ QR코드 로그인 ⑤ 계정 로그인 ⑥ QR코드 무효 ⑦ 다시 고침 ⑧ 핸드폰에서 경동(앱)을 열고 QR코드를 스캔하세요. ⑨ 입력 면제. 더 빠르게. 더 안전하게.

제2과 유통 플랫폼(2)

본문 1. 설문 조사

등록 페이지 만족도 조사
존경하는 고객님: 안녕하세요! 고객님께 더욱 완벽한 서비스를 제공하기 위해, 고객님의 페이지 사용 상황을 수집, 파악하고자 합니다. 고객님의 협조와 성원에 진심으로 감사드립니다.
* 로그인 페이지에 대한 전체적인 만족도는 어떤가요?
○ 매우 만족 ○ 만족 ○ 보통 ○ 불만족 ○ 매우 불만족
로그인 페이지에 대해 어떤 견해가 있으신가요? 자유롭게 말씀해 주세요. (예를 들어: 어떤 부분에 문제가 있는지, 어떤 기능이 부족한지 등)
[ ]
경동을 사용한 경험에 대해 어떤 견해가 있으시면, 위챗에서 '京东用户体验中心' 공식 계정을 검색하고 팔로우하셔서 더 많은 사용자 경험 활동에 참여해 주세요.
성명 [ ] 휴대폰 번호 [ ]
제출

본문 2. 순서

(1) 순서1

① 웹 네비게이터 ② 나의 장바구니 ③ 주문서

(2) 순서2

① 장바구니에 담기

(3) 순서3

① 전체 선택 ② 상품 ③ 단가 ④ 수량 ⑤ 소계 ⑥ 처리 ⑦ 삭제 ⑧ 이미 한 개의 상품 선택 ⑨ 총 가격 ⑩ 결제하기

(4) 순서4

① 신규 수령인 정보 ② 소재지 ③ 수령인 ④ 상세 주소 ⑤ 휴대폰 번호 ⑥ 우편번호 ⑦ 이메일주소 ⑧ 주문서 접수 알림메일로, 주문상태 실시간 파악이 편리 ⑨ 주소 별칭(닉네임) ⑩ 상용명칭 기입을 권장 ⑪ 수령인 정보 저장

(5) 순서5

① 결제 방식 ② 온라인 결제 ③ 배송 명세서 ④ 배송 방식

⑤ 빠른 배송
⑥ 묶음 배송
⑦ 장바구니 수정으로 돌아가기
⑧ 할인 사용
⑨ 기프트카드
⑩ 쿠폰
⑪ 주문서 제출

(6) 순서6

① 결제창
② 해외카드 결제
③ 기타 결제 방식
④ 새 카드 추가
⑤ 온라인 뱅킹 결제
⑥ 즉시 결제

본문 3. 장면

A: 안녕하세요! 저희 쇼핑 플랫폼을 어떻게 사용하는지 아시나요?
B: 안녕하세요! 모릅니다, 가르쳐 주실 수 있나요?
A: 물론이죠! 먼저, 계정을 하나 등록해야 합니다.
B: 등록은 어떻게 하나요?
A: 등록 버튼을 클릭하고, 이름, 이메일, 비밀번호를 입력하면 됩니다.
B: 등록을 완료한 후에는요?
A: 그런 다음, 상품을 둘러보실 수 있습니다. 마음에 드는 상품을 찾으면 '장바구니에 담기'를 클릭하세요.
B: 장바구니에 담은 후에는 어떻게 결제하나요?
A: 장바구니 페이지로 들어가서 상품을 확인한 후, '결제하기'를 클릭하세요. 신용카드나 알리페이 같은 결제 방법을 선택하실 수 있습니다.
B: 간단하네요. 결제 후, 얼마나 있다가 상품을 받을 수 있나요?
A: 보통 결제 후 3~5일이면 받으실 수 있습니다.
B: 알겠습니다. 도움 주셔서 감사합니다.
A: 천만에요. 문제가 있으면 언제든지 연락하세요.

제3과 대중가요(1)

본문 1. 등려군

1953년 1월 29일 대만에서 태어난 아주 유명한 중국어 대중 가수이다. 그녀의 목소리는 달콤하고, 노래 스타일은 부드러워, 많은 사람에게 사랑을 받았다. 그녀의 대표곡으로는《월량대표아적심》,《첨밀밀》,《소성고사》가 있다.

등려군의 노래는 대만, 중국 본토, 동남아시아와 일본에서 매우 인기가 있었다. 1995년 5월 8일, 그녀는 태국에서 천식으로 인해 42세의 나이에 사망했다. 그녀의 음악은 지금까지도 여전히 많은 사람에게 영향을 주고 있다.

본문 2. 오늘 밤 당신이 생각나요

달은 저토록 아름답지만,
달이 당신은 아니죠.
내 곁을 환하게 비추고 있지만,
당신의 사랑은 느껴지지 않아요.
당신은 내게 기쁨을 주었고,
달콤한 사랑도 주었죠.
세월은 한 번 가면 다시 돌아오지 않고,
끝없는 추억만 남기죠.
누가 알까요. 누가 아시나요. 오늘 밤 당신이 어디에 있는지.
누가 알까요. 오늘 밤 내가 어디에 있는지.
달을 바라보면 당신이 생각나요.
당신의 사랑이 그리워져요.

본문 3. 최건

최건은 1961년 8월 2일 북경에서 태어난 중국의 유명 로큰롤 가수로, '중국 로큰롤의 아버지'로 불린다. 그는 1986년에 레전드 곡《아무 것도 가진 것 없어》를 발표했으며, 이 곡은 중국 로큰롤 음악의 공식적인 탄생을 상징하기도 한다.

최건은 독특한 음악 스타일과 사회 현상에 대한 날카로운 통찰력으로 청중에게 널리 사랑받았다. 그의 음악 작품은 개인의 감정을 반영할 뿐만 아니라 사회 현실에 대한 깊은 생각을 표현하기도 한다.

최건은 중국 음악사에서 중요한 위치를 차지하며, 중국 현대음악의 발전에 깊은 영향을 끼쳤다.

본문 4. 아무 것도 가진 것 없어

나는 끊임없이 물었지,
언제쯤 나와 함께 가겠느냐고.
너는 언제나 나를 비웃었지,
아무 것도 가진 것 없다고.
나는 너에게 나의 꿈을 주고 싶어,
또 나의 자유도 나누고 싶어.
너는 언제나 나를 비웃었지,
아무 것도 가진 것 없다고.
오, 너는 언제쯤 나와 함께 갈 수 있을까?
내 발끝에 닿은 땅이 움직이고,
내 몸 옆으로 물이 흐르고 있어.
너는 언제나 나를 비웃었지,
아무 것도 가진 것 없다고.
너는 언제나 나를 비웃었지,
왜 그리 꿈만 좇으며 사느냐고.
정녕 네 앞의 나는 언제까지고 그저 아무 것도 가진 것 없는 사람이란 말인가!
오, 언제쯤 나와 함께 갈 수 있을까?
나 너무 오래 기다렸어,
이제 진짜 마지막 부탁이야.
내가 너의 두 손을 잡아줄게,
지금 바로 나와 함께 떠나자.
지금 너의 손은 떨리고 있고,
지금 너의 눈에는 눈물이 흐르고 있어.
네가 나에게 말하고 있는 걸까,
아무것도 가진 것 없는 나를 사랑한다고.
오, 지금 바로 나와 함께 떠나자.

제4과 대중가요(2)

본문 1. 왕비

1969년 북경에서 태어난 왕비는 중국어 대중음악과 영화 및 TV 산업 분야의 유명 인물이다. 그녀는 독특한 음색과 다양한 음악 스타일로 유명하며, 대중음악, 로큰롤, 포크 등 여러 요소를 결합한 음악을 선보이기도 했다.

왕비의 음악은 중국 본토에서 널리 사랑받았을 뿐만 아니라, 홍콩, 마카오, 대만 및 해외 화교들 사이에서도 많은 팬을 보유하고 있다. 그녀의 개인 스타일과 음악적 혁신은 중국어 대중음악의 발전에 중요한 역할을 했으며, 중국어권 음악사상 없어서는 안 되는 상징적인 인물이 되었다.

왕비는 패션과 문화에도 큰 영향을 미쳤으며, '천후'라고 칭송받고 있다.

본문 2. 질풍노도의 그때

질풍노도의 그때, 우리는 몇 번이나 '안녕'이라고 하고도 헤어지지 못했는지.
안타깝게도 마음이 담긴 말이 아닌 이상 누가 사랑이라고 하겠어.
질풍노도의 그때, 바쁜 생활 속에서 받아들이기 힘든 약속을 저버리고. 다른 사람이 지켜주기를 기다렸어.
키스에서 더 이상 발전하지 않았기에
누에가 겨울잠을 자고 나비가 될 수 없음을 탓하지 않아.
이런 마음이 되풀이되고 가다듬을 틈이 없었음을 탓하지 않아.
세월이 너그러운 마음으로 뒤돌아볼 시간을 준거니까
다시 만났을 때 화를 낼 수 없었다면 그렇게 못 내고 마는 걸까?
그때 영원히 함께하자던 아름다운 약속을 새기고도 잊고 살았던 것처럼
지나간 시간이 아직 그립다면 너무 빨리 응어리를 풀지 말자.
서로 생각할 끈을 누가 기꺼이 놓아버리길 원하겠어?
우리 서로 빚진 셈 치자, 그렇지 않으면 그리워할 거리가 없잖아.
질풍노도의 그때, 세상 물정은 제쳐두고 한 얼굴만 보았어.
알 듯 말 듯 사람을 끌어들이다가도 화라도 내면 미워지던 그 얼굴.
서로 사랑하던 그때는 금방 지나가기 마련이지, 굳은 약속의 의미를 몰랐으니까. 그리고 그건 이별의 전조였지.
그날 너무 추워 눈물마저 얼어버렸음을 탓하지 않아.
봄바람도 딱딱해진 사진 속으로 불어 들어오지 못했으니까.
사람이 완전한 사랑을 할 수 없는 것을 원망하지 않아.
세월은 좋은 뜻에서 온전하지 않은 사랑을 내려준 거니까.
우리 서로 빚진 셈 치자, 우리의 인연이 이어지도록.

본문 3. 주걸륜

1979년 대만에서 태어난 그는 중국어 대중음악의 중요한 대표자이다. 그의 음악은 R&B, 힙합, 클래식, 중국풍 요소를 융합하여 독특한 '주씨 스타일'을 창조했다.

주걸륜의 작품은 중국어권 지역에서 널리 환영받을 뿐만 아니라, 전 세계 화교 음악계에도 영향을 미쳤다. 그의 음악 창작, 노래 스타일, 음악 제작 수준은 그를 젊은 세대의 음악 아이돌이자 문화적 상징으로 만들었으며, 대중문화와 음악 산업에 깊은 영향을 미쳤다.

본문 4. 고백 풍선

센 강가 좌안에서 커피를
손에 들고 너의 아름다움을 느끼고 싶어.
(나의) 입에 입술 자국을 남겼지.
꽃집의 장미는 누가 이름을 잘 못 쓴 걸까?
고백 풍선은 바람에 맞은편 거리로 날아버리고
미소도 하늘로 날아가네.
넌 네가 쉽게 넘어가지 않을 거라고 말하며,
나더러 포기하라고 했지.
값비싼 선물은 필요 없어.
샹제리제의 낙엽이면 돼.
낭만적인 데이트를 만들어줄 거야.
모든 것을 망쳐도 두렵지 않아.
널 가지는 건 온 세상을 가지는 거야.
내 사랑, 너를 사랑하게 된 그날부터
달콤해지는 것이 너무 쉬워.
내 사랑, 고집부리지 마.
너의 눈은 날 원한다고 말하고 있잖아.
내 사랑, 너를 사랑해.
(나의) 연애 일기에는 향수와 같은 추억이 흩날리고,
한 병 가득한 꿈은 전부 당신으로 채워지고,
한데 뒤섞여.
자기야 고집부리지 마.
너의 눈은 날 원한다고 말하고 있잖아.

본문 5. 장면(1)

A: 너 음악 듣는 거 좋아해?
B: 응, 나 음악 듣는 거 정말 좋아해.
A: 가장 좋아하는 가수가 누구야?
B: 내가 가장 좋아하는 가수는 임유가야.
A: 그의 노래 들어본 적 있어?
B: 들어봤어, 그의 노래를 정말 좋아해, 특히 《거짓말》을.

본문 6. 장면(2)

A: 평소에 어떤 종류의 음악을 좋아해?
B: 나는 유행가와 발라드를 좋아해, 특히 임유가의 노래를.
A: 좋아하는 앨범이 있어?
B: 응, 특히 임유가의 《아름다운 생활》 앨범을 좋아해.
A: 이번 주말에 임유가의 콘서트가 있는데, 가고 싶어?
B: 정말? 나 정말 가고 싶어.
A: 좋아, 같이 가자.
B: 너무 좋아, 주말이 기대된다!

제5과 애니메이션

본문 1. 상황 소개

중국의 애니메이션은 20세기 초에 시작되었다. 초기 중국의 애니메이션은 서양 애니메이션의 영향을 받아 주로 모방과 학습이 중심이 되었다.

1926년, 중국은 첫 번째 애니메이션 단편 《화실 대소동》을 제작했고, 1941년에는 첫 번째 애니메이션 제작소 - 상해 미술영화 제작소가 설립되어, 중국 애니메이션 산업의 시작을 알렸다.

1956년에는 첫 장편 애니메이션 영화 《철선공주》가 발표되었다. 그후, 중국의 애니메이션 산업은 여러 차례의 발전과 변화를 거쳐, 점차 독특한 스타일과 특색을 형성했다.

본문 2. 화실 대소동(1926)

중국 최초의 독창적인 애니메이션이다. 영화는 한 화가가 화실에서 그림을 그리고 있는데, 갑자기 화가가 그린 그림에서 중국식 복장을 한 난쟁이가 화판에서 뛰어나오는 것을 표현했다. 그는 장난스럽고 익살스러워 화가를 많이 귀찮게 했다. 결국 쫓고 쫓기는 싸움 끝에 난쟁이는 그림 속으로 쫓겨 돌아간다.

본문 3. 철선공주(1941)

당승 사제 네 명이 서천으로 불경을 구하러 가다가 화염산에서 불길에 막혀 앞으로 나아갈 수 없었다. 손오공과 저팔계는 취병산 파초동으로 우마왕의 아내 철선공주를 찾아가 불을 끌 수 있는 파초선을 빌리려고 했으나, 철선공주는 빌려주기를 거부했다.

손오공은 작은 벌레로 변해 철선공주의 뱃속으로 들어가 소란을 피워 가짜 부채를 얻어낸 후, 우마왕의 모습으로 변해 철선공주를 속여서 진짜 부채를 얻어냈다. 우마왕은 이를 알고 다시 저팔계의 모습으로 변해 손오공을 속여 부채를 되찾아갔다.

손오공과 저팔계는 철선공주와 우마왕과 몇 번의 싸움을 벌인 끝에 마침내 보물 부채를 얻어 화염산의 불길을 끄고 불경을 구하러 가는 길에 올랐다.

본문 4. 까마귀는 왜 검은색이 되었을까?(1956)

옛날 옛적에, 매우 아름다운 한 마리 새가 있었다. 그 새는 아름다운 깃털과 듣기 좋은 목소리를 가지고 있어서 다른 새들이 모두 그녀를 부러워했다. 가을이 다가오자 새들은 모두 둥지를 짓고, 겨울을 나기 위해 먹이를 준비하느라 바빴지만, 오직 그녀만은 아무것도 할 필요가 없다고 여기며 숲속을 어슬렁거렸다.

겨울이 찾아오고 눈이 펑펑 내리자, 새들은 모두 따뜻한 둥지로 숨어들었지만, 이 아름다운 새만은 갈 곳도 없고 먹을 것도 없이 추위에 떨고 있었다. 그러던 중, 그녀는 한 무더기의 모닥불을 발견하고 그 옆으로 날아가 몸을 녹였다. 그녀가 만족해하는 순간, 몸에 불이 붙고 말았다. 비록 그녀는 몸의 불을 껐지만, 그녀의 깃털은 불에 타서 검게 변해버렸고, 목소리도 쉰 소리가 나서 듣기 싫게 되었다.

본문 5. 장면

A: 최근에 《귀멸의 칼날》 봤어?

B: 당연히 봤지! 이 애니메이션은 정말 훌륭해. 스토리가 긴장감 넘치고, 그림 스타일도 아주 예뻐.

A: 맞아, 나도 탄지로라는 캐릭터가 정말 마음에 들어. 그의 끈기와 노력은 정말 감동적이야.

B: 이 애니메이션의 음악은 어때?

A: 음악이 스토리와 정말 잘 어울린다고 생각해. 특히 오프닝 곡은 매번 들을 때마다 감동이야.

B: 정말 그래! 다음 시즌에 대해 어떤 기대를 하고 있어?

A: 탄지로의 성장 이야기를 더 많이 보고 싶고, 다른 캐릭터들의 발전도 보고 싶어.

B: 나도 그래! 제작팀이 계속해서 높은 수준을 유지했으면 좋겠어.

제6과 웹툰

본문 1. 상황 소개

웹툰(인터넷 만화)은 인터넷을 통해 발표, 전파되는 만화 작품을 가리킨다. 중국에서는 웹툰이 점점 더 많은 젊은이의 사랑을 받고 있다. 전통적인 종이 만화와 비교했을 때, 웹툰은 보통 업데이트가 빠르고, 제재도 더 다양하여 청춘 캠퍼스부터 판타지 모험 등 다양한 유형을 포함하고 있다. 이밖에, 웹툰은 중국 특유의 문화 요소와 현대의 인터넷 문화를 결합하여 젊은이들 사이에서 강한 공감을 일으키고 있다.

유명한 웹툰 플랫폼으로는 '텐센트 애니메이션', '빌리빌리 만화', '유요기' 등이 있으며, 이들 플랫폼은 창작자와 독자를 위해 상호 교류의 기회를 제공하고, 웹툰 산업의 발전을 촉진하고 있다.

본문 2. 요신기

《요신기》는 중국의 웹툰으로, 내용에 판타지와 모험을 가득 담고 있다. 섭이라는 소년이 요괴의 공격을 받고 죽지만 과거로 돌아가 환생하여 미래의 지식을 바탕으로 친구들과 자신을 단련하여 최종적으로 다시 최강자가 된다는 이야기이다.

본문 3. 성형게임

이 이야기는 주로 '이용'이라는 여성 편집자가 자신의 외모로 인해 차별을 받아 생활이 계속해서 불운했던 상황을 다룬다. 하지만 그녀가 《성형게임》이라는 앱을 다운로드한 후, 그녀의 삶은 급격하게 변화한다. 이 앱은 사람의 외모를 포토샵한 모습으로 바꿀 수 있지만, 이 새로운 외모를 유지하려면 인간성을 말살하는 임무를 완수해야 한다.

만약 임무를 포기하면 더 심각한 대가를 치러야 한다. 이용은 이 돌아올 수 없는 길에서 여러 가지 난관과 선택에 직면하게 된다. 전체 이야기는 서스펜스와 긴장감으로 가득 차 있어, 사람을 몰입하게 한다.

본문 4. 내 오빠를 빨리 데려가

《내 오빠를 빨리 데려가》는 만화가 유·령의 인기 연재작을 원작으로 한 애니메이션으로, 각 에피소드는 몇 분밖에 되지 않지만, 평점이 8.9에 달하는 코미디, 일상, 청춘 장르의 애니메이션이다. 줄거리는 가볍고 유쾌하며 은근한 웃음을 자아낸다. 이 만화는 포악한 여동생 시묘와 멍청한 오빠 시분, 그리고 '견개신', '만세', '묘묘' 등 동급생들 간의 다양한 엽기적인 이야기를 그리고 있다.

본문 5. 장면

A: 《흑백 무상》의 그림 스타일을 어떻게 생각해?
B: 나는 정말 독특하다고 생각해. 특히 흑백 대비 효과.
A: 맞아, 정말 창의적이지. 네가 가장 좋아하는 캐릭터는 누구야?
B: 나는 주인공을 제일 좋아해. 그의 설정이 멋지고, 이야기 또한 매력적이야.
A: 나는 악당 캐릭터가 좋아. 그들의 설정이 세밀하고 층이 깊어 보여.
B: 확실히 그래. 너 그들이 전통적인 요소를 많이 사용한 거 알아봤어?
A: 응, 특히 의상과 배경에서. 이 디테일이 정말 멋져.
B: 맞아, 그 덕분에 전체 만화가 더 문화적인 느낌을 줘. 너 최신 회차 봤어?
A: 아직 못 봤어. 오늘 밤에 볼 생각이야. 어떻게 생각해?
B: 정말 재미있어. 꼭 볼 가치가 있어.

제7과 현대미술

본문 1. 증범지 《최후의 만찬》

증범지의 《최후의 만찬》은 2001년에 창작된 작품으로, 그의 '마스크 시리즈'의 후기 대표작이고, 크기가 최대(길이 4미터, 높이 2.2미터)이고, (등장)인물이 가장 많은 작품이다. 또한 그의 '마스크 시리즈' 중 유일하게 고전 명작을 개작한 작품이기도 하다.

증범지는 창작과정에서 직접 다빈치의 구도 형식을 차용하여 원작의 주제 인물에 가면을 씌우거나 붉은 넥타이를 맨 소년선봉대원으로 바꾸고, 원작의 예수 이미지 대신 어깨에 '세 줄' 계급장을 단 '대대장'으로 대체했다. 원래 유다가 있는 자리는 라펠(lapel) 반팔 셔츠에 금색 넥타이를 맨 한 소년선봉대원이 대신하고 있고, 테이블은 현대 상업 소비문화의 패스트푸드식 테이블로 바뀌었으며, 테이블 위의 빵과 물고기는 피가 묻은 채 잘린 수박으로 대체되었다. 양쪽 벽에 중국 서예로 적힌 명언과 경구가 붙어있는 교실이 원작의 교회 배경을 대신하고 있다.

증범지는 기독교 성경의 '최후의 만찬'이라는 주제를 빌려와 창작을 하고, 다빈치의 구도 형식을 차용하는 한편 중국 사회 발전의 문화적 원소기호(아이콘)를 새롭게 유입시켜 다빈치의 《최후의 만찬》이 가지고 있던 초기의 내용을 종교적 성격에서 현대 사회생활을 표현하는 것으로 전환 시켰다.

본문 2. 장효강 《혈연—대가족: 가족사진 2호》

《혈연—대가족: 가족사진 2호》는 1993년에 창작되었으며, 유명한 《혈연—대가족》시리즈의 두 번째 작품으로 시장에 현존하는 이 시리즈로는 가장 오래된 작품이다. 이 작품은 한 아이를 둔 가족을 기준으로 하여 구성하였으며, 그림 속 아기의 원형은 장효강의 둘째 형이다. 기법 면에서 초기 작품의 표현주의적 흔적이 남아있지만, 더 많은 부분이 초현실주의에 가깝다. 평면적인 채색법, 중성화된 인물, 부드러운 색조는 장효강의 후기 작품에 깊은 영향을 미쳤다. 이 작품은 유럽에 소장되어 있다가 2012년 홍콩 소더비 현대 아시아 예술 춘계 경매에서 처음으로 대중에게 공개되었고, 4,600만 홍콩 달러에 낙찰되어 당시 최고가 경매품이 되었다.

본문 3. 악민균《대단결》

악민균의 작품《대단결》은 마치 모든 것이 희희낙락하는 즐거움 속에서 시작되었다가 다시 희희낙락하는 즐거움 속에서 끝나는 것 같다. 각 인물의 표정은 가지런하게, 사선 형태로 화면에 배열되어 있으며, 그들이 무슨 신분인지는 식별할 수가 없다. 또 다른 인물의 형상은 단독으로 그들 앞에 서 있는데, 형식으로 보면 그들이 마치 회의를 하고 있는 것처럼 보이나, 표정을 보면 그들은 아무것도 아닌 것 같다.

그들은 똑같은 표정, 똑같은 옷차림, 심지어 똑같은 얼굴을 하고 있으며, 대열의 엄숙함을 보여주는 것이 아니라 희희낙락 장난스러운 상태를 보여주고 있다. 아무도 그들이 무엇을 보고 웃고 있는지, 왜 그렇게 웃고 있는지 알 수 없다. 그들은 그저 뜨거운 태양 아래서 입을 크게 벌리고 멍하니 웃고 있으며, 아무런 두려움이나 거리낌 없이 그저 기쁘고 즐겁게 웃고만 있을 뿐이다.

본문 4. 방력균 《시리즈2(두 번째)》

방력균의《시리즈2(두 번째)》작품, 이 작품에서 방력균의 '하품하는' 표정은 구체적인 형상으로, 아침에 일어난 후의 정신 상태, 밤새 쉰 후 몸이 이완된 모습이다. 이것과 그의 웃는 표정은 화면 뒤 인물의 형상을 무시하고, 화면 앞의 중심인물을 강조했다는 점이 비슷하다. 방력균은 관객의 모든 시선을 이 '하품하는' 표정에 집중시켜, 관객으로 하여금 '하품하는' 이 표정의 진정한 의미를 깊이 생각하게 했다.

본문 5. 장면

A: 장효강의 그림에 대해 어떻게 생각해?
B: 그의 그림은 매우 독특하다고 생각해.
특히《혈연: 대가족》시리즈가 대표적이지.
A: 맞아, 그의 작품은 종종 깊은 감정과 역사적 변화를 표현하지.
B: 맞아, 그의 화풍은 매우 독특하고, 특히 색조와 구도에 그의 개인 풍격이 있어.
A: 그는 종종 오래된 사진에서 영감을 받아서 시간의 흐름과 기억의 힘을 표현하지.
B: 오, 흥미롭네! 그의 작품을 더 자세히 감상해야겠어. 공유해줘서 고마워.
A: 천만에. 그의 작품을 즐기기 바래.

제8과 영화(1)

본문 1. 디어리스트

영화《디어리스트》는 진가신 감독. 장기 각본의 '인신매매 소재' 영화이다. 이 영화는 오래전 중국 중앙텔레비전(CCTV)에 보도된 '인신매매' 뉴스를 각색해서 만든 것이다. 한 부부가 불화로 인해 사이가 좋지 않았고, 아들이 그들의 유일한 연결고리였는데, 어느 날 아이가 갑자기 실종된다.

부부는 자신들의 아이를 찾고자 노력하고, 길에서 자신들처럼 아이를 찾는 부모들을 만나게 되면서 많은 감동적인 일들을 겪게 된다. 영화 속에서 전개된 가족애와 인간성 및 몇 가지 사회적 문제들은 매우 강한 현실적인 의미를 지니고 있다.

본문 2. 장면(1)

1. 전붕이 집을 떠난 시간 4시 30분.
2. 처음으로 CCTV에 나타난 시간 5시 45분.
3. 가려빌딩 옆의 사거리
4. 이 아이가 전붕이죠?
5. 마지막으로 나타난 곳은 라호기차역 입구입니다.
6. 전문군씨!
7. 당신이 라호기차역에 도착한 시간이 7시 몇 분이라고 하셨죠?
8. 7시 40분입니다.
9. 우리와 말장난하는 겁니까?
10. 24시간 내에는 입안이 안 된다고 한 건 당신들 아니에요?
11. 줄곧 우리끼리 찾느라 시간이 지체됐잖아요.
12. 우리는 사건 처리 절차를 준수하고 있습니다.
13. 사건 처리 절차라는 게 뭔가요?
14. 당신들은 국민을 위해 봉사하는 것 아닌가요?
15. 모두 진정 좀 하세요.
16. 당신들의 심정을 이해합니다.
17. 매년 우리에게 실종 아동 신고를 하는 부모들이 매우 많습니다.
18. 처음에는 그들도 당신들과 똑같았어요.
19. 이렇게 하시죠.
20. 당신들 몇 분이 먼저 시국에 가서
21. DNA 혈액 테스트를 하시면 보관해두겠습니다.

22. 나중에 아이를 찾게 되면은요?
23. 우선 돌아가세요.

본문 3. 장면(2)

0. 아들을 찾습니다.
1. 안녕하세요. 저는 전문군입니다.
2. 얘는 제 아들 전붕입니다.
3. 2009년 7월 18일
4. 오후 5시경 집 근처에서 실종되었습니다.
5. 노란색 외투에 빨간 운동화를 신고
6. 이마에 거즈를 붙이고 있습니다.
7. 아이를 보신 분은 사진에 있는 이 전화로 연락주세요.
8. 특히 길거리에서 구걸하는 아이를 유심히 봐주시면 감사하겠습니다.
9. 그리고 만약 우리 아이를 사신 분이 있다면,
10. 복숭아 알레르기가 있으니 절대 먹이지 마십시오.

제9과 영화(2)

본문 1. 잃어버린 아이들(2015)

영화 《잃어버린 아이들》은 저명한 각본가 팽삼원의 감독 데뷔작으로, 잃어버린 아들을 찾는 아버지가 아들을 찾는 과정에서 이미 성장한 유괴된 아이가 친부모를 찾는 것을 도와주는 이야기를 하고 있다. 두 사람은 찾는 과정에서 부자와 같은 정이 생기게 된다. (이야기의) 중간에 딸을 잃어버린 후 기다리다 지쳐 강에 뛰어들어 자살한 어머니의 작은 비극이 삽입되어 있다.

본문 2. 장면(1)

0. 무이산에서 천주까지
1. 옆으로, 옆으로 가세요, 옆으로 가세요.
2. 오토바이, 옆으로 가세요.
3. 오토바이, 옆으로 가세요.
4. 오토바이, 옆으로 가서 멈추세요.
5. 옆에 멈추세요.
6. 죽고 싶으세요.

7. 빨리 죽고 싶으세요? 미안합니다, 미안해요.
8. 고속도로에서 오토바이를 타면 안 되는 거 몰라요?
9. 알고 있습니다, 알고 있어요.
10. 그냥 지름길로 가고 싶었어요.
11. 좀 더 빨리 가고 싶었어요.
12. 죄송합니다.
13. 기회를 주세요, 감사합니다, 감사합니다.
14. 감사합니다.
15. 어디 가시려고 합니까?
16. 천주요.
17. 방향이 틀린 거 알아요?
18. 경찰차 따라오세요.
19. 지도 가져왔어요?
20. 가져왔습니다.
21. 건너오세요.
22. 여기 봐요.
23. 여기가 톨게이트입니다.
24. 바로 여기요.
25. 직진하다가 우회전하면
26. 316 국도이고.
27. 곧장 50km 가면,
28. 복주입니다.
29. 이정표 잘 보고 쭉 남쪽으로 가세요.
30. 150km 더 가면
31. 바로 천주입니다.
32. 알겠습니다, 고맙습니다.
33. 잠깐만요.
34. 잘 챙기시고, 다시는 길 잃지 마세요.
35. 감사합니다, 감사합니다.
36. 감사합니다, 감사합니다.

본문 3. 장면(2)

1. 이렇게 맞은 적이 몇 번이니?
2. 처음이에요.
3. 제 부모님도 이렇게 저를 찾아다니실까요?

4. 그러실 거야.
5. 길에 있어야만
6. 아들에게 면목이 서는 것 같아.
7. 그 아이가 어디에 있든지
8. 아버지가 자기를 찾고 있다는 걸 알았으면 좋겠어.
9. 양부모님은 너에게 잘해주시니?
10. 잘해주세요.
11. 때리기도 했니?
12. 아니요.
13. 저는 제가 그들의 자식이 아니라는 걸 쭉 알고 있었어요.
14. 감히 그들에게 말하지 못했을 뿐이죠.
15. 아이를 잃어버린 부모님은
16. 온 세상에 대고 외칠 수 있지만,
17. 저는 외칠 용기가 없어요.
18. 제가 걱정하는 건,
19. 제가 미처 다 크기 전에
20. 그들을 찾지 못하고 죽는 거였어요.
21. 이제 다 컸는데,
22. 또 걱정이 되요.
23. 제가 그들을 미처 찾기 전에
24. 그들이 돌아가셨을까봐.
25. 만약 네 친아버지가 너와 함께였다면,
26. 나는 그도 이랬을 거라고 생각해.
27. 널 잃어버릴까 걱정했을 거야.
28. 대학은 다녔어?
29. 아니요.
30. 말썽 피우고 성적이 안 좋아서.
31. 천만에요.
32. 저는 호적이 없어요.
33. 그래서 시험 볼 자격이 없어요.
34. 전에 정말 공부를 열심히 했어요.
35. 반에서 저를 쫓아다니는 여학생들도 많았어요.
36. 집에 누나가 두 명 있어서,
37. 전 호적에 오를 자격이 없었어요.
38. 양아버지도 방법을 찾아봤지만,
39. 결국은 안됐죠.
40. 그래서 전 신분증도 없어요.

41. 저는 무적자(無籍者)예요.
42. 뜻밖이죠?
43. 신분증이 없어서,
44. 비행기도 못 타고 기차도 못 타요.
45. 은행 카드도 못 만들고
46. 연애해도 결혼은 할 수 없어요.
47. 그래서 저는 반드시 집을 찾아서
48. 제가 유괴되었다는 걸 증명해야 해요.
49. 그래야 경찰서에서 저를 호적에 올려줄 테니까요.
50. 만약 내 아들이 아직 살아 있다면,
51. 고3일 텐데.
52. 시험 볼 자격이 있는지 모르겠네.

제10과 영화(3)

본문 1. 나는 약신이 아니다.(2018)

영화 《나는 약신이 아니다》는 문목야 감독의 데뷔작으로, 2018년 7월 6일에 정식으로 상영되었고, 사회적 갈등을 소재로 한 영화이다. 영화는 인도 신유점을 운영하는 주인 정용이 인도 약품을 대리 구매하면서 재물을 모으기 시작하지만, 양심의 가책을 느끼고 환자들을 위해 약을 구매하면서 모든 재산을 탕진하여 '약신'이 되는 이야기이다.

주인공 정용은 이기적으로 재물을 모으다가 사심이 없이 모든 재산을 탕진하며 백혈병 환자들을 위해 열심히 생명과 항쟁한다. 결국 정용이 범죄로 붙잡히게 되자, 많은 사람이 단체로 청원을 하게 되고, 결국 정이 법보다 중요하다는 것을 보여준다. 영화가 개봉된 후, 사회적으로 폭넓은 관심을 불러일으켰고, 높은 흥행 성적을 거둔 것 외에도 사회 여론 및 의료 보험 정책에도 일부 영향을 미쳤다.

본문 2. 장면(1)

1. 꼼짝 마!
2. 움직이지 말고, 앉아!
3. 재판정에 주의를 환기시키고자 합니다.
4. 노바티스가 만성골수백혈병 환자들을 구했습니다.
5. 인도 복제약이 아니고,
6. 피고인은 더욱 아닙니다.

7. 피고인의 행위로
8. 전국적으로 가짜 약품이 넘쳐났고
9. 국제 저작권법을 심각하게 위반했으므로
10. 피고인은 엄중히 처벌되어야 합니다.
11. (이상으로) 제 진술을 마치겠습니다.
12. 피고인 측 변호인
13. 제 의뢰인은 비록 법을 위반했으나,
14. 1년 넘도록 천 명에 가까운 만성골수백혈병 환자들이
15. 그가 대리 구매한 약으로 생명을 구했습니다.
16. 글리벡은 전 세계적으로 가격이
17. 이처럼 매우 비싸서,
18. 환자들이 가산을 탕진해도 감당할 수 없습니다.
19. 이러한 가격이
20. 합리적인지 묻고 싶습니다.
21. 우리는 반드시 확실히 해두어야 합니다.
22. 정용의 개인적인 바람은 사람을 구하는 것이었지,
23. 이윤 추구가 아니었다는 것을.
24. (이상으로) 제 진술을 마치겠습니다.
25. 피고인
26. 하고 싶은 말씀이 있으면 하세요.
27. 없으면 10분간 휴정한 뒤,
28. 판결을 선고하겠습니다.
29. 저는 법을 어겼습니다.
30. 어떻게 판결하시든,
31. 할 말이 없습니다.
32. 그러나
33. 그런 환자들을 보면서,
34. 너무나 괴로웠습니다.
35. 그들은 고가의 수입 약을 먹을 수 없어,
36. 그냥 죽기를 기다리거나,
37. 심지어 자살을 합니다.
38. 하지만
39. 앞으로 상황이 점점 나아질 것이라고 믿습니다.
40. 그날이 빨리 오기를 바랍니다.
41. 소주에게 말하건데,
42. 아빠는 나쁜 사람이 아니란다.

43. 감사합니다.
44. 좀 늦었는데,
45. 판결을 선고합니다.
46. 피고인 정용은
47. 밀수죄와
48. 가짜 약품 판매죄로
49. 범죄 증거가 충분하고,
50. 범죄 사실이 성립됩니다.
51. 동시에
52. 정용이 환자를 도와
53. 금지 약품을 구매한 행위는
54. 일정 정도 참작을 하였습니다.
55. 이상을 종합하여
56. 피고인 정용에게 선고합니다.
57. 유기징역
58. 5년

본문 3. 장면(2)

A: 《잃어버린 마법서》 들어봤어?
젊은 마법사가 고대 마법을 찾는 모험 이야기야.
B: 들어봤어!
이 영화는 마법과 판타지 요소를 결합해서 굉장히 매력적이래.
A: 맞아, 특히 영화 속 마법 세계가 정말 정교하게 설계되어 있고,
많은 스릴 넘치는 장면들이 있어.
B: 정말 흥미롭네! 시간 맞춰서 함께 보러 가자.
A: 좋은 생각이야! 이번 주말 어때?
B: 좋아! 그럼 주말에 봐!

제11과 광고

본문 1. 엄마 발 씻는 것 돕기

시간: 45초
주제: 사랑을 전하고 부모님께 효도하기

장면 1: (클로즈업 close-up) 아이의 발이 세숫대야 안에 담겨있고,
커다란 손이 아이의 발을 씻겨주고 있다.
장면 2: 아이의 엄마가 아이에게 발을 닦아주면서 이야기를 들려준다.
엄마는 "새끼 오리가 헤엄치다가 강기슭으로 올라갔네."라고 말한다.
장면 3: (탑뷰 top view) 아이가 즐거워하며 침대 위에서 뒹굴고 있고, 웃음소리가 매우 즐겁다.
장면 4: 엄마가 몸을 돌려서 문을 열고 나가려고 하면서, 아이에게 "혼자 보고 있어, 엄마가 조금 있다가 다시 이야기해줄게."라고 말한다.
장면 5: 아이가 침대에 누워 책을 보고 있다.
장면 6: 엄마가 물 한 통을 들고 다른 방으로 들어간다.
장면 7: 아이는 궁금해하며 문을 따라나선다.
장면 8: 아이의 엄마가 웅크리고 앉아 아이 할머니의 발을 씻겨드리고 있다.
(카메라가 멀리서부터 가까워지며)
할머니는 "온종일 고생했구나."라며 말한다.
장면 9: 할머니가 아이 엄마의 머리카락을 쓰다듬으며 (엄마의 얼굴을 클로즈업)
"잠시 쉬어라"라고 계속해서 말한다.
아이의 엄마는 미소를 지으며 "안 힘들어요"라고 말한다.
장면 10: (아이의 근접 촬영으로 전환)
아이가 문가에 기대어 이 모든 것을 지켜보고 있다.
장면 11: 아이의 엄마가 물을 떠서 할머니의 발을 씻겨드리고,
(카메라가 아래에서 위로) (카메라가 할머니를 클로즈업)
할머니는 가볍게 한숨을 내쉬고, 동시에 아이의 엄마는
"엄마, 발을 따뜻하게 하면 다리에 좋아요"라고 말한다.
장면 12: (아이의 얼굴 클로즈업) 아이가 이 광경을 보고 나서, 돌아서서 밖으로 뛰어나간다.
장면 13: 아이의 엄마가 아이의 방으로 돌아와 문을 열어보니, 아이가 방에 없다.
방 안의 풍경도 딸랑거리며 흔들리고 있다.
엄마는 아이의 목소리를 들은 것 같아 뒤를 돌아본다.
장면 14: 이때, 아이가 멀리서 물이 담긴 대야를 들고 다가오고 있다. (카메라 속도 느리게)
장면 15: (카메라가 아이를 클로즈업하여 확대) 아이가 활짝 웃으며,
"엄마, 발 씻겨드릴게요."라고 말한다.

장면 16: 아이의 엄마가 만족스러운 미소를 짓는다.
(엄마의 얼굴 클로즈업) 38초에 내레이션이 시작된다.
장면 17: 카메라 전환

본문 2. '선행의 흔적' 시리즈

이 시리즈의 공익광고는 사회 환경 속에서 타인에게 친절을 베풀고 서로를 이해하는 것에 관한 내용을 주로 다루고 있다. 광고의 내용과 주제는 사람들이 선행을 실천하고, 신변의 작은 일부터 시작하여 타인을 돕고, 보상을 바라지 않는 정신을 호소하고 있다. 이 다섯 편의 광고는 각각 타인을 사랑하고, 돌보고, 구하고, 돕고, 이해하는 선행의 주제를 표현한다. 또한, 광고에서 선행자의 선행 목적은 도움을 받는 사람의 감사를 받는 데 있지 않고, 조용히 선행을 실천하여 선행이 드러나지 않는 핵심 사상을 구현하고 있다.

순서	광고 제목	소요 시간	수혜자	관념 제안자	서사 각도
1	등을 켜서 다른 사람을 따뜻하게 하다.	0:59	환경 미화원	등을 켠 아내	타인 돌봄
2	어떤 따뜻함은 마음으로 느낄 수 있다.	1:00	노인	자리를 양보한 소녀	노인 공경
3	타인을 돕는 데 슈퍼맨일 필요는 없다.	1:00	물에 빠진 사람들	자원봉사 구조대	생명 구하기
4	이웃을 한 가족처럼 사랑으로 지켜보기	1:00	장애인	이웃	이웃 간의 화목
5	어떤 습관의 아름다움	0:59	군중	군중	친절한 상호 도움

본문 3. 설날 귀향 편

《설날 귀향 편》은 네 가지 '다른 사람들'의 이야기를 담고 있지만, 중국인 각자가 가진 '집으로 돌아가 한데 모이는' 시각적 인상을 불러일으킨다. 비행기를 쫓아가는 발걸음, 공항에서의 포옹과 눈물, 기차역에서 표를 사기 위해 줄 서는 사람들, 긴 여행의 고생, 만두를 먹으며 느끼는 만족감, 가족과 함께하는 행복 등. 이러한 것들은 중국인들이 오래도록 이어온 독특한 문화적 기억을 반영하며, 모든 집을 떠난 사람들이 직접 경험한 일들이다.

본문 4. 장면

A: 너 최근에 새로 나온 그 화장품 광고 봤어?
B: 봤어! 그 광고 진짜 사람 끌어들이더라,
특히 보습 효과를 강조하는 부분.
A: 맞아, 나도 그거 보고 나서 써보고 싶더라,
특히 그들이 말한 천연 성분들.
B: 나도 그래!
게다가 광고에 나온 모델 피부가 정말 좋아 보이던데, 진짜 마음이 끌렸어.
A: 그러게, 광고 효과가 정말 대단한 것 같아, 우리 둘 다 솔깃했잖아!

제12과 뉴스

본문 1. 사육사가 사랑이 많아, 작은 바다사자를 유모차에 태우고 산책시키고 있다.

아버지가 아이를 데리고 유모차를 밀며, 아기를 밀며, 밖에서 산책하는 모습은 흔히 볼 수 있는 장면입니다. 하지만 그 유모차 안에 아기가 아닌 작은 바다사자가 앉아 있다면 그 풍경은 조금 다르지 않을까요? 어제 상해 해창 해양 공원에서 방문객들은 그런 독특한 장면을 목격했습니다. 파란 작업복을 입은 사육사가 유모차에 앉아 있는 작은 바다사자를 밀며 여기저기 돌아다니고 있었습니다. 이 활발하고 귀여운 작은 바다사자는 전혀 낯설어하지 않고 마치 애교 많은 아기처럼 사육사에게 뽀뽀하고, 안아 달라고 하고, 높이 들어 달라고 하기도 합니다.

상해 해창 해양 공원 바다사자 사육사 정학만 씨는 "그 아이는 매일 네 번 우유를 먹고도 안전함을 느끼지 못하고 있어서 하루 종일 같이 있어야 해요. 그래서 사무실에 데려가기도 하고 공원의 다른 곳으로 데리고 가서 놀기도 합니다. 지금은 그 아이를 돌본 지 10개월이 되었어요.

싱글인 바다사자 '아빠'로서 저는 매우 행복하고 따뜻함을 느낍니다. 제 인생의 기억 속에 이런 경험이 남아서 좋고, 그 아이가 딸처럼 생각되어 건강하고 행복하게 자라기를 바랍니다"라고 했습니다.

본문 2. 운남에서 귀여운 아기 코끼리가 미끄럼을 타다.

다음은 운남성 서쌍판납 야생 코끼리 보호구역에 사는 아기 코끼리 '억쌍'이 미끄럼을 타는 영상입니다. 귀엽고 사랑스러운 아기 코끼리 '억쌍'이 진흙투성이의 산비탈에서 무릎을 꿇고 미끄러지듯 내려오는 장면이 담겨 있습니다. 이 영상은 많은 관심을 끌었으며, 네티즌들은 "아기 코끼리가 정말 잘 논다며, 진정한 '코끼리'지우개 같다"라고 평가했습니다.

이 장면은 당시 직원이 아기 코끼리 '억쌍'에게 야생훈련을 진행하던 중 카메라에 잡힌 것입니다. 코끼리의 수명은 보통 60~70살인데, 2017년 12월 22일에 태어난 '억쌍'은 마치 코끼리 무리

속의 유치원생처럼 보입니다.

아시아 코끼리 종원 번식 및 구호 센터 직원 주방역 씨는 "이 영상 속 미끄럼틀을 타는 아기 코끼리가 '억쌍'입니다. 우리 번식 센터에서 태어난 다섯 번째 아기 코끼리로, 올해 3살이 넘었습니다. 며칠 전, '억쌍'과 엄마가 야외 생존 훈련을 하던 중, 비가 온 후 미끄러운 경사면을 지나면서 뒤쪽 다리를 구부리고 미끄러지듯 내려가고 있네요."라고 했습니다.

이전에, 직원들이 또 다른 아기 코끼리 '양뉴'가 미끄럼을 타고 내려오는 장면도 촬영했습니다. '양뉴'는 2015년에 아시아 코끼리 종원 번식 및 구호 센터에서 구출된 아기 코끼리로, 당시 질병에 걸렸었으나 직원들의 세심한 돌봄 덕분에 빠르게 회복했습니다.

영상 속 '양뉴'는 두 다리로 무릎 꿇고 땅에 엎드린 채 산비탈을 미끄러져 내려오며 다양한 자세를 취해 "미끄럼 타기"를 생동감 있게 보여줘 매우 장난스럽고 귀엽습니다.

본문 3. 배달 로봇이 인기를 끌면서 식음료 업계의 스마트화가 가속화되고 있다.

팬데믹 이후, 무인화와 비대면 서비스 로봇에 대한 관심이 높아지면서, 점점 더 많은 로봇이 병원, 식당, 호텔 등 공공장소에서 사람을 대신해서 반복 작업을 하고 있습니다. 특히 설 연휴가 다가오면서 많은 식음료 업체들이 노동력 부족 문제를 해결하기 위해 로봇을 도입하고 있는데, 현장을 한번 가보도록 하겠습니다.

심천에 위치한 이 훠궈 식당은 600평방미터의 면적을 가지고 있으며, 식사 피크 타임에는 30% 이상의 음료와 요리를 두 대의 로봇이 배달합니다. 주문 직배송 외에, 테이블이 집중되어 있는 구역에서 로봇이 주문한 음식을 테이블까지 배달하면, 직원은 음식을 테이블에 올려놓기만 하면 됩니다. 앞 홀과 뒤 주방을 왕복할 필요가 없이 한 명의 직원이 전체 구역을 관리할 수 있어 시간과 인력을 절약할 수 있습니다. 최근 인사부가 발표한《2020년 4분기, 전국적으로 채용이 구직보다 많고, 노동력이 가장 부족한 100개 직업 순위》에서 레스토랑 서비스 직원이 다섯 번째로 꼽혔습니다. 사실, 지난해 팬데믹 이후, 인력 부족과 비대면 배달 등의 요인이 식음료 업계의 스마트화 전환을 촉진시켰습니다.

전체 시장을 보면, 주요 제조업체들의 배달 로봇 출하량은 이미 1만 대를 넘었으며, 그 중 대부분은 지난해에 판매되었습니다. 상해 경랑 스마트 테크놀로지 회사의 최고 홍보책임자 지효민 씨는 "인력 부족이 심할 때, 한 대의 로봇이 1.5명에서 2명의 서빙직원의 일을 대신할 수 있습니다. 로봇 임대료는 한 달에 3,000위안으로, 인건비의 절반도 안 되는 비용입니다."라고 했습니다.

본문 4. 장면

A: 최근 뉴스에서 세계에서 가장 큰 피자를 만들었다고 하더라.

B: 와, 정말 재미있네. 그 피자가 얼마나 큰데?

A: 직경이 1.8킬로미터에, 무게가 2톤이래!

B: 그걸 만드는데 시간이 얼마나 걸렸을까?
A: 제작 과정이 48시간이나 걸렸고, 전체 과정이 매우 복잡했대.
B: 정말 큰 프로젝트 같네. 그 피자로 뭐 했대?
A: 그 피자를 지역 자선 단체에 나눠줬대.
많은 도움이 필요한 사람들에게 도움을 줬어.
B: 정말 기분 좋게 하는 이야기네.

MEMO

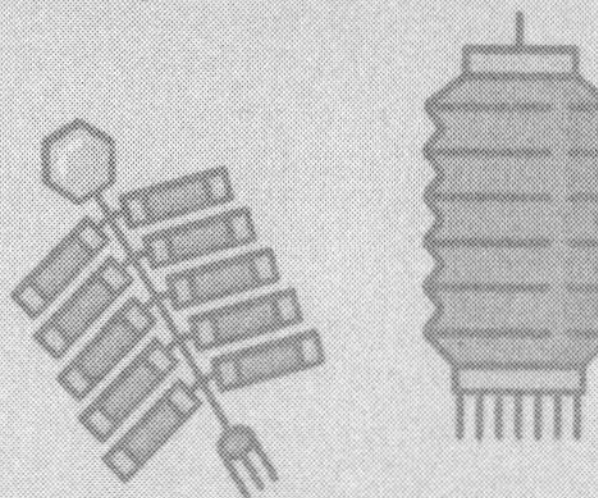

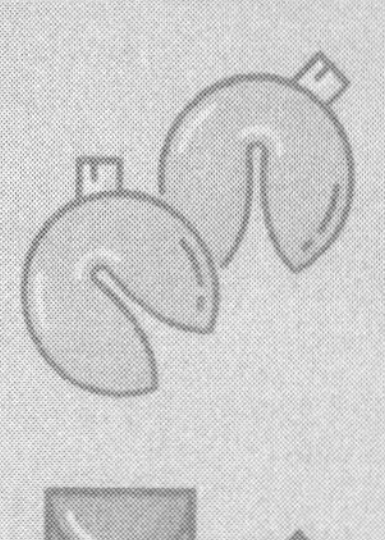

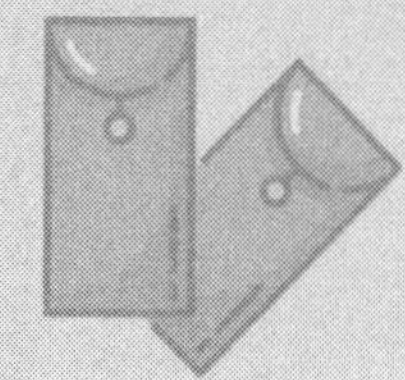

연습문제 정답

제1과 _ 物流平台(一)

1. 1) 费　2) 欢
   3) 索　4) 图
   5) 入　6) 重
   7) 户　8) 字
   9) 议　10) 何

2. 1) 请再次输入密码
   2) 验证码已发送, 120秒内输入有效
   3) 你的密码很安全
   4) 本次新闻报道是以调查数据为依据进行的。
   5) 多读书有利于拓宽视野和提升知识水平。

3. 1) 오른쪽으로 밀어서 퍼즐 완성하기.
   2) 아이디는 숫자로만 이루어질 수 없으니 새로 입력해 주십시오.
   3) 최신 버전인 「경동 프라이버시 보증정책」이 이미 온라인으로 올라와 있으니, 당신의 개인 프라이버시 보호에 한층 도움이 될 것입니다.
   4) 최신 경제 정책은 세계 경제 상황을 기준으로 설정되었다.
   5) 좋은 수면은 업무 효율성을 높이는 데 이롭다.

제2과 _ 物流平台(二)

1. 1) 衷　2) 整
   3) 对　4) 择
   5) 货　6) 醒
   7) 回　8) 册
   9) 点　10) 时

2. 1) 你需要注册一个账户。
   2) 你可以浏览商品。
   3) 付款后多久能收到商品？
   4) 只要我们共同努力，就一定能克服困难。
   5) 我们可以去看电影或者吃披萨。

3. 1) 저희 쇼핑 플랫폼을 어떻게 사용하는지 아시나요?
   2) 등록 버튼을 클릭하고, 이름, 이메일, 비밀번호를 입력하면 됩니다.
   3) 마음에 드는 상품을 찾으면 '장바구니에 담기'를 클릭하세요.
   4) 해변에서 휴가를 보내거나 산속에서 캠핑을 선택할 수 있다.
   5) 매일 꾸준히 독서하기만 하면, 지식 수준이 반드시 향상될 것이다.

제3과 __ 大众歌曲(一)

1. 1) 于 2) 受
   3) 表 4) 在
   5) 至 6) 被
   7) 首 8) 以
   9) 刻 10) 据

2. 1) 我们未曾见过如此壮丽的景色。
   2) 中国被列为全球最大碳排放国。
   3) 保护环境不仅是政府的责任，更是每个公民的义务。
   4) 难道你不相信我吗？
   5) 莫非我听错了?

3. 1) 그녀의 목소리는 달콤하고, 노래 스타일은 부드러워 많은 사람에게 사랑을 받았다.
   2) 그의 음악 작품은 개인의 감정을 반영할 뿐만 아니라 사회 현실에 대한 깊은 생각을 표현하기도 한다.
   3) 이 배우는 국제 영화제에서 최우수 남우주연상을 받은 적이 있다.
   4) 도시가 심각한 공기 오염에 시달리고 있다.
   5) 설마 우리가 더 좋은 해결책을 찾을 수 없단 말인가?

제4과 __ 大众歌曲(二)

1. 1) 名 2) 还

3) 对
4) 为
5) 台
6) 合
7) 响
8) 别
9) 型
10) 唱

2. 1) 上海以现代化的城市风貌闻名。
 2) 这部纪录片对提升公众对环境保护意识起到了积极的作用。
 3) 在复杂的国际形势下，许多国家难以达成共识。
 4) 请遵守交通规则，要不然会被罚款。
 5) 这项政策使贫困率显著下降。

3. 1) 그녀는 독특한 음색과 다양한 음악 스타일로 유명하다.
 2) 주걸륜의 작품은 중국어권 지역에서 널리 사랑받을 뿐만 아니라 전 세계 화교 음악계에도 영향을 미쳤다.
 3) 나는 특히 임유가의 아름다운 생활(《美妙生活》) 앨범을 좋아해.
 4) 그의 재간은 나를 탄복하게 한다.
 5) 사람들은 환경 문제에 대해 강한 관심을 가지게 되었다.

제5과 _ 动画片

1. 1) 部
 2) 装
 3) 番
 4) 受
 5) 只
 6) 临
 7) 堆
 8) 情
 9) 合
 10) 待

2. 1) 中国的动画起步于20世纪初。
 2) 中国的动画产业经历了多次发展和转型。
 3) 他淘气而滑稽，给画家添了不少麻烦。
 4) 确实如此！
 5) 全球变暖正在将冰川化作海洋。

3. 1) 초기 중국의 애니메이션은 서양 애니메이션의 영향을 받아 주로 모방과 학습을 중심이 되었다.
 2) 교육부가 새로운 시험 제도를 추진했지만, 많은 부모들이 이를 받아들이려 하지 않는다.
 3) 이러한 전통명절의 풍습들이 현대 사회의 일부분으로 변해가고 있다.
 4) 마침 노동자들이 임금 인상을 요구할 때, 회사가 임금 동결을 발표했다.

5) 비록 날씨가 춥지만, 그는 여전히 매일 아침 일찍 일어나서 달리기를 한다.

제6과 __ 网漫

1.
1) 网
2) 与
3) 满
4) 述
5) 弃
6) 果
7) 吸
8) 到
9) 息
10) 算

2.
1) 在中国，网漫逐渐受到越来越多年轻人的喜爱。
2) 最终再次成为最强者。
3) 我觉得很精彩，绝对值得一看！
4) 这项技术属于人工智能领域。
5) 教育改革关注学生福利，以及提高教学质量。

3.
1) 과거와 비교해서, 현대인은 환경 보호에 대한 인식이 더 강해졌다.
2) 종이책에서 전자책까지, 독서 방식이 크게 변화했다.
3) 정부는 녹색 에너지에 대한 투자를 늘릴 예정이다.
4) 한국은 인구 고령화의 심각한 도전에 직면해 있다.
5) 새로운 정책은 쓰레기 발생을 줄일 예정이다.

제7과 __ 现代美术

1.
1) 作
2) 圣
3) 痕
4) 束
5) 都
6) 中
7) 其
8) 迁
9) 从
10) 分

2.
1) 你对张晓刚的画作有什么看法？
2) 他的画风很独特。
3) 我要更仔细地欣赏他的作品了。
4) 人工智能的进步好像比我们预期的要快。
5) 画廊把新晋艺术家的作品展示给了观众。

3. 1) 회사는 전통적인 생산 방식에서 스마트 제조로 전환했다.
   2) 그는 열심히 훈련하여, 뛰어난 성적으로 챔피언이 되었다.
   3) 이 요리의 맛이 예전보다 더 좋은 것 같다.
   4) 디지털 미술품에 대한 투자가 점점 더 주목받는 것 같다.
   5) 이 새로운 미디어 아트 작품들은 관객이 기술과 예술의 융합을 느끼게 한다.

제8과 _ 电影(一)

1. 1) 由 2) 对
   3) 找 4) 踪
   5) 做 6) 着
   7) 近 8) 头
   9) 与 10) 万

2. 1) 根据公司的政策，员工可以选择远程办公。
   2) 他很努力，但是成绩却不理想。
   3) 最近很火的那个电视剧叫什么来着？
   4) 我们存了一些钱以备将来的需要。
   5) 千万别碰那个东西。

3. 1) 경제 회복이 빨라지고 있지만, 실업률은 오히려 여전히 높다.
   2) 며칠 전에 뉴스에서 본 그 새로운 식당, 이름이 뭐였지?
   3) 예기치 않은 상황에 대비하기 위해, 우리는 상세한 비상 계획을 수립할 필요가 있다.
   4) 시장이 성장하고 있으며, 또한 더 많은 투자 기회가 있다.
   5) 코로나19 팬데믹 동안, 모두 꼭 사회적 거리두기를 유지해야 한다.

제9과 _ 电影(二)

1. 1) 女 2) 在
   3) 插 4) 骑
   5) 往 6) 对
   7) 道 8) 里
   9) 恋 10) 资

2. 1) 因技术缺陷，航班被迫取消。
   2) 她往会议室走去，准备开会。

3) 你的秘密请收好，别让别人知道！
4) 不管面对多大的困难，我们都不会放弃。
5) 在公众场合，她总是不敢发表自己的意见。

3. 1) 과학자들은 새로운 백신이 이미 임상 시험 단계에 들어갔다고 말했다.
2) 연속적인 폭우로 인해 여러 도시에서 홍수 재해가 발생했다.
3) 주식 시장이 상승하자 투자자들은 모두 기뻐했다.
4) 이 책은 매우 소중하니, 잘 보관해서 잃어버리지 않도록 해주세요.
5) 날씨가 아무리 나쁘더라도, 구조 작업은 멈추지 않을 것이다.

제10과 __ 电影(三)

1. 1) 演　2) 部
3) 乎　4) 公
5) 罪　6) 起
7) 么　8) 起
9) 险　10) 彩

2. 1) 我们找个时间一起去看吧。
2) 疫情期间，许多企业的营业额几乎降到零。
3) 除了提高员工福利外，公司还计划扩大国际市场。
4) 政府将对贫困家庭予以财政援助。
5) 观众给予了获奖者祝贺的掌声。

3. 1) 이 영화는 마법과 판타지 요소를 결합해서 굉장히 매력적이다.
2) 그는 경기에서 자신의 기록을 거의 깰 뻔했지만 몇 초 차이로 실패했다.
3) 현지 기업을 지원하는 것 외에, 정부는 외국 투자자들의 시장 진입도 장려하고 있다.
4) 이 회사는 뛰어난 성과를 보인 직원들에게 보상을 줄 예정이다.
5) 그는 우리 가족에게 경제적으로 많은 도움을 주었다.

제11과 __ 广告

1. 1) 双　2) 地
3) 在　4) 对
5) 番　6) 开
7) 列　8) 从

9) 顾

10) 从

2.
1) 由环境污染而引发的健康问题日益严重。
2) 市民呼吁政府将更多预算分配到老年人福利上。
3) 成功不在于天赋，而在于努力。
4) 公司调动了员工到新的项目组。
5) 自古以来，良好的教育被视为改变命运的关键。

3.
1) 코로나19의 발발로 인해 전 세계 경제가 하락하게 되었다.
2) 환경 단체는 해양 오염을 줄이기 위해 국제 사회의 협력을 호소하고 있다.
3) 행복은 물질적인 부에 달려 있는 것이 아니라 마음의 만족에 달려 있다.
4) 정부는 팬데믹의 폭발에 대응하기 위해 의료 자원을 동원했다.
5) 오래전부터 문화 교류는 국가 번영의 중요한 요소 중 하나로 여겨져 왔다.

제12과 _ 新闻

1.
1) 推
2) 只
3) 客
4) 还
5) 做
6) 频
7) 段
8) 头
9) 器
10) 情

2.
1) 说到旅游，你最喜欢哪个国家？
2) 作为一名教师，我非常重视学生的成长和发展。
3) 他的特殊口音和行为引发了我的好奇心。
4) 这家店铺展示了最新的家居设计趋势。
5) 随着智能手机的普及，传统的相机市场也受到很大冲击。

3.
1) 건강한 식사에 대해 말하자면, 균형을 유지하는 것이 중요하다.
2) 최근의 금융 시장 변동이 투자자들로 하여금 시장 안정성에 대한 우려를 일으켰다.
3) 박물관은 희귀 공룡 화석을 전시하고 있다.
4) 전자책 시장의 확대에 따라, 점점 더 많은 독자들이 디지털 독서로 전환하고 있다.
5) 여기에서 등록하면, 한 달 동안 무료 사용기간을 누릴 수 있다.

저 자 약 력

김 재 민

- 복단대학 문학박사
- 現, 한양여자대학교 실무중국어과 교수

서 희 명

- 복단대학 문학박사
- 現, 한양여자대학교 실무중국어과 교수

미디어 중국어

초판인쇄 2024년 12월 27일
초판발행 2024년 12월 31일

저 자 김재민 · 서희명
발 행 인 윤석현
발 행 처 제이앤씨
책임편집 최인노
등록번호 제7-220호

우편주소 서울시 도봉구 우이천로 353 성주빌딩
대표전화 02) 992 / 3253
전 송 02) 991 / 1285
홈페이지 http://jncbms.co.kr
전자우편 jncbook@hanmail.net

ISBN 979-11-5917-254-0 13720 정가 20,000원